内 容 简 介

本书以Python为设计工具，共分9章内容，从易到难，从基础到综合实战，详细讲解了Python创意编程知识，通过75个小案例，带领孩子们掌握顺序结构、选择结构、循环结构的基础知识，进入精彩的函数世界，玩转Python字符串，学习列表、元组与字典数据结构，乐当编程小达人，轻轻松松玩转Python创意编程。

本书适合对编程感兴趣的青少年以及不同年龄的初学者阅读，也适合家长和老师作为指导青少年学习计算机程序设计的入门教程。

本书封面贴有清华大学出版社防伪标签，无标签者不得销售。
版权所有，侵权必究。举报：010-62782989，beiqinquan@tup.tsinghua.edu.cn。

图书在版编目(CIP)数据

青少年Python创意编程趣味课堂：微课版 / 方其桂 主编. —北京：清华大学出版社，2020.1（2022.9重印）
ISBN 978-7-302-53859-2

Ⅰ.①青… Ⅱ.①方… Ⅲ.①软件工具－程序设计－中小学－教材 Ⅳ.①G634.671

中国版本图书馆CIP数据核字(2019)第207823号

责任编辑：李　磊　焦昭君
封面设计：王　晨
版式设计：孔祥峰
责任校对：牛艳敏
责任印制：杨　艳

出版发行：清华大学出版社
　　　　网　　址：http://www.tup.com.cn，http://www.wqbook.com
　　　　地　　址：北京清华大学学研大厦A座　邮　编：100084
　　　　社 总 机：010-83470000　邮　购：010-62786544
　　　　投稿与读者服务：010-62776969，c-service@tup.tsinghua.edu.cn
　　　　质 量 反 馈：010-62772015，zhiliang@tup.tsinghua.edu.cn
印 装 者：小森印刷霸州有限公司
经　　销：全国新华书店
开　　本：170mm×230mm　　印　张：16　　字　数：332千字
版　　次：2020年1月第1版　　印　次：2022年9月第6次印刷
定　　价：69.80元

产品编号：084296-01

编委会

主　编　方其桂
副主编　梁　祥　王　芳
编　委　张　青　宣国庆　范德生

前 言

这是一本写给零基础编程读者的学习入门书，也是一本写给家长朋友们转变教育观念的书。这不是一本用来考试的编程书，但编者希望它是一本帮助同学们打开编程世界的引导书。

1. 编程干什么

编写程序简称编程，通俗地讲，编程就是告诉计算机，要帮人做什么、怎么做。但是计算机无法直接听懂人类的语言，所以需要使用一种计算机和我们人类都能理解的语言，这种语言就是计算机语言。使用计算机语言编写的文件称为程序。

我们身处的这个时代是人类历史上一个发展迅速的伟大时代！互联网、智能手机、各种 App、大数据、机器人等都已经一步步变成现实。5G、物联网、人工智能也很快会大面积实现和普及，就像今天的互联网和手机一样。所有这一切的背后，都离不开人类编写的软件。事实上，编程已经成为中小学教育的重要组成部分，因为编程有以下几方面很显著的作用。

- **编程是极佳的智力启蒙活动**　编程能提高孩子们的记忆力、想象力、逻辑推理能力，有效促进智力培养。
- **兴趣是学习编程最好的老师**　本书选取的例子贴近生活，符合孩子的身心特点，容易引起他们的共鸣，激发他们的学习兴趣，让他们感觉学习 Python 是一件非常有趣的事。
- **编程的过程是一种思维方式**　它教给孩子们如何创造性思考、协同学习和逻辑推理，提高做事的计划性，增强分析问题、解决问题的能力。
- **编程是处理信息的现代方式**　在信息社会，如何认识信息、理解信息、驾驭信息，最好的途径之一就是学习编程，发挥信息的作用。

在未来世界中，编程能力可以说是一个受过教育的人的基本能力，就像今天一个上过学、读过书的人要具备基本的读写能力一样。

2. Python 是什么

Python 是一门非常优秀的计算机编程语言，功能强大、兼容性好、可移植，有相对较少的关键字、结构简单，有定义明确的语法，简单易学。Python 已经成为三大主流编程语言之一，它适合孩子的编程启蒙。具体而言，Python 有如下优点。

- **入门容易** 其使用界面简洁，编写程序过程简便、容易上手，非常适合初学编程者学习。
- **难度值低** Python 虽简单，但其设计却很严谨，使用户可以将全部心思放在程序的设计逻辑之中。
- **兼容性强** 具有免费开源的特点，可移植、可扩展、可嵌入多平台使用。
- **众多外挂** 具有丰富的外挂库，例如，使用海龟模块可以绘制各种图案，形象直观。

3. 本书结构

万栋高楼平地起，学习编程也要一步一步来。本书按照由易到难的顺序，将所有的知识点融入一个个好玩、有趣的案例中，让小朋友先模仿案例去动手做一做，边玩边学，在玩的过程中逐渐理解，在完成模仿项目的基础上进行拓展，激发创新思维。全书按照知识顺序、难度分成9章，每章还设计了多个栏目，便于读者学习和教师教学。

- **章节语** 成语故事引入情景、英语关键词解释代码含义、核心知识点强调重点。
- **研究室** 思路分析、以算法描述的方式分析程序、对编写过程中的重难点进行解读。
- **工作坊** 通过编程实现、运行调试、优化程序、答疑解惑等掌握程序编写调试过程。
- **知识库** 介绍程序中使用到的知识点或程序中的重点、难点知识。
- **创新园** 通过阅读程序写结果、查找错误代码、编写程序等多种方式，鼓励同学们创新作品。

4. 本书特色

本书适合零基础或已经接触过 Python 编程，且对 Python 感兴趣的青少年阅读，也适合家长和老师作为指导孩子们程序设计的提升教程。为充分调动他们学习的积极性，在编写时努力体现如下特色。

- **案例丰富** 本书案例丰富，涉及编程的诸多类别，内容编排合理，难度适中。每个案例都有详细的分析和制作指导，降低了学习的难度，使读者对所学知识更加容易理解。
- **图文并茂** 本书使用图片代替大部分的文字说明，一目了然，让学习者能轻松读懂描述的内容。具体操作步骤图文并茂，图文结合来讲解程序的编写，便于读者边学边练。
- **资源丰富** 本书配备了所有案例的素材和源文件，提供了相应的微课，从数量到内容上都有着更多的选择。
- **形式贴心** 如果读者在学习过程中遇到疑问，可以阅读"提示"部分，避免在学习过程中走弯路。

5. 适用对象

本书适合 10 岁以上有阅读能力的读者使用。对于低龄儿童，建议在家长和老师指导下阅读。教师、家长在使用本书教学时，可以让学生先用手机扫描书中二维码，借助微课先行学习，然后再利用本书上机操作实践。

为了使读者在阅读本书时取得最大的价值，获得更好的学习效果，我们提出如下建议。

- **按顺序阅读** 本书的知识点做了精心设计，建议读者按照顺序，由简到难阅读。
- **在做中学习** 也就是在计算机旁边阅读本书，一边实践、一边体会书中案例的作用。
- **多思考尝试** 通过思考，构思可以怎么做，分析为什么这样做。只要有想法，就尝试去实现它。
- **不怕困难失败** 学习肯定会遇到各种各样的困难，失败也是很正常的，失败了，说明这种方法不可行，也就距离可行的方法近了一步。
- **多与他人交流** 和朋友一起学习和探讨，分享自己的项目，从而快速学习别人的优点。遇到问题，多向老师请教。也可以和本书作者联系，我们会努力帮助你们解决问题。

6. 本书作者

本书由方其桂主编，梁祥、王芳为副主编。梁祥编写第 1、2、3、4、5 章，张青编写第 6 章，王芳编写第 7 章，宣国庆编写第 8 章，范德生编写第 9 章。随书资料由方其桂整理制作。

虽然我们有着十多年撰写计算机图书（累计已编写、出版 100 余种）的经验，并尽力认真构思验证和反复审核修改，但仍难免有一些瑕疵。我们深知一本图书的好坏，需要广大读者去检验评说，在此，我们衷心希望读者对本书提出宝贵的意见和建议。读者在学习使用的过程中，对某个问题的解决，可能会有更好的编程方法，也可能对书中某些案例算法的科学性可行性提出质疑，敬请读者批评指正。

本书提供了每个案例的微课，请扫描一下书中案例名称旁边的二维码，即可直接打开视频进行观看，或者推送到自己的邮箱中下载后进行观看。另外，本书提供教学课件和案例源文件，通过扫描下面的二维码，然后将内容推送到自己的邮箱中，即可下载获取相应的资源（注意：请将这几个二维码下的压缩文件全部下载完毕后，再进行解压，即可得到完整的文件内容）。

服务电子邮箱为 wkservice@vip.163.com。

方其桂

目录

第1章 揭开 Python 神秘面纱

1.1 厉兵秣马——做好学习 Python 语言的准备 2
    1.1.1 按图索骥——下载与安装 Python 2
    1.1.2 整装待发——设置 Python 环境 4
1.2 发号施令——Python 编程初体验 9
    1.2.1 有问必答——与 Python 交流 9
        案例 1   Hello，你好 9
        案例 2   首先来画个圆 10
    1.2.2 妙笔生花——让 Python 绘画 12
        案例 3   画多个圆 12
        案例 4   画彩色圆 16
1.3 小试牛刀——体验编写程序的乐趣 19
    1.3.1 心中有数——出题考考 Python 计算能力 20
        案例 5   测试 Python 计算能力 20
    1.3.2 初生牛犊不怕虎——编写 Python 小游戏 22
        案例 6   猜猜我多大 22

第2章 编程基础先打好

2.1 知人善任——常量和变量 27
    2.1.1 有一得一 ——常量 27
        案例 1   求圆的周长与面积 27
    2.1.2 以一当十 ——变量 30
        案例 2   小猴子摘果子 31
2.2 不分伯仲——数据类型 34

2.2.1　量入为出——数字型 35
　　　　案例 3　比比谁算得快 35
　　2.2.2　非此即彼——布尔型 38
　　　　案例 4　是真的吗 38
　　2.2.3　张冠李戴——字符串 40
　　　　案例 5　字符朋友手牵手 41
2.3　变化多端——数据类型转换 43
　　2.3.1　再接再厉——整数型与浮点型转换 44
　　　　案例 6　小数计算也不难 44
　　2.3.2　变化莫测——数字型与字符串转换 47
　　　　案例 7　字符加密不神奇 47

第 3 章　顺序结构直向前

3.1　军令如山——赋值语句 53
　　3.1.1　登坛拜将——赋值符号 53
　　　　案例 1　长跑健将 53
　　　　案例 2　整理图书 55
　　3.1.2　发号施令——赋值运算 59
　　　　案例 3　统计人数 59
　　　　案例 4　温度转换器 60
3.2　字字珠玑——运算符和表达式 64
　　3.2.1　各司其职——运算符 64
　　　　案例 5　简便计算器 64
　　　　案例 6　灯亮不亮 66
　　3.2.2　意简言赅——表达式 69
　　　　案例 7　分糖果游戏 69
3.3　进退有度——输入输出语句 72
　　3.3.1　予取予求——数据输入 73
　　　　案例 8　求圆环的面积 73
　　　　案例 9　距节日还有多少天 74
　　3.3.2　千变万化——数据输出 77

案例 10　农夫的难题 77

第4章　选择结构左右分

4.1　去伪存真——单分支 if 语句 82
　　4.1.1　淘沙取金——if 语句 82
　　　　案例 1　比较两个数的大小 82
　　4.1.2　挑挑拣拣——if 语句组合 84
　　　　案例 2　判断闰年 84
4.2　一分为二——双分支 if…else 语句 87
　　4.2.1　分道扬镳——if…else 语句 87
　　　　案例 3　判断奇数与偶数 88
　　4.2.2　何去何从——if…else 条件语句嵌套 90
　　　　案例 4　判断函数的值 90
　　　　案例 5　出租车计费 92
4.3　分门别类——多分支 if…elif…else 语句 97
　　4.3.1　分兵把守——if…elif…else 语句 97
　　　　案例 6　成绩折算等级 98
　　　　案例 7　智能胖瘦分析 100
　　4.3.2　多种多样——多分支的其他语句组成形式 103
　　　　案例 8　根据成绩判断等级（改良版） 104

第5章　循环结构环环绕

5.1　反反复复——循环基本语句 109
　　5.1.1　周而复始——for 循环语句 109
　　　　案例 1　统计摩天轮旋转次数 109
　　　　案例 2　棋盘上的麦粒 111
　　5.1.2　循环反复——while 循环语句 114
　　　　案例 3　1+2+…+100 115
　　　　案例 4　绘制多彩图形 117

5.2 息息相关——循环嵌套 121
　　5.2.1 九九归一——for 循环语句嵌套 121
　　　　案例 5　打印乘法口诀表 121
　　5.2.2 照猫画虎——while 语句循环嵌套 124
　　　　案例 6　打印倒序乘法口诀表 124
5.3 指挥若定——循环控制语句 128
　　5.3.1 令行禁止——continue 语句 128
　　　　案例 7　数字宝宝玩游戏 128
　　5.3.2 戛然而止——break 语句 130
　　　　案例 8　密码中止程序 130

第6章　使用函数效率高

6.1 没有规矩，不成方圆——定义函数 136
　　6.1.1 百花齐放——函数类型 136
　　　　案例 1　判断水仙花数 136
　　　　案例 2　判断是否获奖 140
　　6.1.2 不越雷池——变量的作用域 144
　　　　案例 3　判断素数 144
　　　　案例 4　10 以内加法测验程序 147
6.2 种瓜得瓜，种豆得豆——函数的参数 151
　　6.2.1 步调一致——必须参数 152
　　　　案例 5　计算三角形的面积 152
　　6.2.2 心照不宣——默认值参数 155
　　　　案例 6　计算 x^n 155
6.3 空穴来风，必有其因——函数的返回值 158
　　6.3.1 有来有往——无返回值函数 158
　　　　案例 7　交换两个数 158
　　6.3.2 投桃报李——有返回值函数 160
　　　　案例 8　计算 n！ 160

第7章 字符串串滋味香

7.1 收放自如——字符串变形 165
    7.1.1 比翼连枝——拼接字符串 165
        案例 1　成语接龙 165
        案例 2　真心话大冒险 167
    7.1.2 断章取义——字符串切片 169
        案例 3　秘密约定 170
        案例 4　回文字符串 171
7.2 当家做主——字符串操控 174
    7.2.1 用兵点将——字符串查询 174
        案例 5　评选优秀学生 175
        案例 6　成员查询 177
    7.2.2 偷梁换柱——字符串替换 179
        案例 7　回避敏感词 180
        案例 8　排课表 181
7.3 情有独钟——格式化输出 184
    7.3.1 当仁不让——我的地盘 184
        案例 9　明星档案 184
    7.3.2 锦上添花——文本排版 187
        案例 10　学习计划表 187

第8章 数据类型能分清

8.1 一目了然——列表 191
    8.1.1 井然有序——列表的创建和引用 191
        案例 1　创建课程表 191
        案例 2　查询课程表 193
    8.1.2 志同道合——插入新元素、合并列表 195
        案例 3　社团的新成员 196
        案例 4　合二为一 198

8.1.3　当机立断——查找删除列表元素 ································· 200
　　　　　案例 5　百里挑一 ·· 200
8.2　包罗万象——元组 ·· 203
　　8.2.1　运筹帷幄——创建和引用元组 ·· 203
　　　　　案例 6　查询跳远成绩 ·· 203
　　8.2.2　出类拔萃——修改元组 ·· 206
　　　　　案例 7　修改校运动会记录 ·· 206
　　8.2.3　神机妙算——遍历元组 ·· 209
　　　　　案例 8　你来自哪颗星 ·· 210
8.3　百无一漏——字典 ·· 213
　　8.3.1　有约在先——创建查询字典 ·· 213
　　　　　案例 9　燃烧我的卡路里 ·· 214
　　8.3.2　未雨绸缪——修改字典 ·· 217
　　　　　案例 10　小刺猬的烦恼 ·· 217

第9章　乐当编程小达人

9.1　迎刃而解——编程解决数学问题 ·· 222
　　9.1.1　精打细算——兑换零钱 ·· 222
　　9.1.2　生生不息——兔子对数 ·· 224
9.2　轻而易举——编程解决生活问题 ·· 228
　　9.2.1　积少成多——52 周存钱法 ·· 228
　　9.2.2　居安思危——密码强度 ·· 230
9.3　笔走龙蛇——编程绘制有趣图形 ·· 234
　　9.3.1　电闪雷鸣——闪电图形 ·· 235
　　9.3.2　栩栩如生——五角星 ·· 237
9.4　乐在其中——编程创作精彩游戏 ·· 240
　　9.4.1　鸿运当头——抽奖游戏 ·· 240
　　9.4.2　一决雌雄——石头剪刀布 ·· 241

第 1 章

揭开 Python 神秘面纱

计算机是我们的好伙伴，它本领高强，再难的问题都能轻松解决，而且从不叫苦叫累，命令它干啥就干啥。学会了计算机语言，就能让计算机按我们的命令去做事。计算机语言有许多种，因为 Python 的语法接近人类正常语言，代码容易看懂和编写，它逐渐成为一种被广泛应用的语言。

学习 Python 并不是件困难的事情，让家人和我们一起玩编程，在玩中学习。还等什么呢？让我们一起揭开 Python 的神秘面纱吧！

 学习内容

📖 做好学习 Python 语言的准备

📖 了解 Python 运行环境

📖 感受 Python 编程乐趣

1.1 厉兵秣马——做好学习 Python 语言的准备

成语"厉兵秣马"出自《左传》,意思是磨好兵器、喂饱战马,比喻事前做好准备工作。学习 Python,首先要在计算机上下载并安装 Python,再设置 Python 的运行环境。

1.1.1 按图索骥——下载与安装 Python

按图索骥,意思是按照画像去寻求好马,比喻按照线索去寻求。在学习下载与安装 Python 之前,我们先来认识一下关键单词吧!

扫一扫,看视频

- Python(蟒蛇)
- Downloads(下载)
- Install(安装)
- Cancel(取消)

在我们的生活中,程序随处都有,但许多人始终没有接触过编程,原因就是他们的计算机中没有编程软件,所以安装编程软件算是初学者要完成的第一个任务。

> 通常下载与安装软件的操作步骤如下。
> 第一步:查找下载网站。
> 第二步:找到下载网页,下载所需软件。
> 第三步:安装软件。

你也许认为安装编程软件会非常难,其实只要你愿意动手去做,就没有什么解决不了的问题。因为 Python 的下载与安装过程真的很简单。

🏛 工作坊

01 **查找 Python 官网** 打开浏览器,按图 1.1 所示操作,搜索到 Python 官网网址并打开。

02 **下载 Python 软件** 在 Python 官网首页双击 Downloads 菜单选项,按图 1.2 所示操作,下载安装程序。

第 1 章 揭开 Python 神秘面纱

图 1.1 查找 Python 官网

图 1.2 查找下载页面并下载软件

03 安装 Python 软件 双击下载的 Python-3.7.3.exe 文件，按图 1.3 所示操作，按照提示安装 Python 软件。

图 1.3　安装 Python

04　查看选项　安装结束后，按图 1.4 所示操作，在"开始"菜单中多了一项 Python。

图 1.4　查看选项

1.1.2　整装待发——设置 Python 环境

前面已经安装好 Python，下一步需要设置 Python 环境，才能正常使用。

- Path(路径)
- IDLE(空闲)
- Manuals(手册)
- Module Docs(模块文档)

扫一扫，看视频

在 Windows 下设置 Python 环境变量，就是把 Python 的安装目录添加到系统

Path 中。具体的操作也不复杂，跟着我一步一步做吧！

工作坊

01 判断是否要设置环境变量 按图 1.5 所示操作，如果出现图中所示界面，说明安装成功，否则需要配置环境变量。

图 1.5 判断 Python 环境变量是否设置

> **提示** 如果在 Python 安装时执行了图 1.3 所示的第 2 步操作，即勾选 Add Python 3.7 to PATH 复选框，那么安装时会自动设置好，否则需手工设置。

02 查找安装目录路径 按图 1.6 所示操作，查找并复制 Python 安装目录路径。

图 1.6 查找 Python 安装目录路径

03 打开高级系统设置 右击桌面上的"计算机"图标，按图 1.7 所示操作，打开计算机的"高级系统设置"窗口。

图 1.7 打开计算机的"高级系统设置"窗口

04 设置环境变量 按图 1.8 所示操作，将图 1.6 操作中获取的 Python 目录路径粘贴到"变量值"文本框中。

图 1.8 设置环境变量

05 认识 Python Shell 按图 1.9 所示操作，打开 Python，标题栏上的 Python 3.7.3 是版本号。在命令提示符 >>> 处即可输入 Python 指令。

第 1 章　揭开 Python 神秘面纱

图 1.9　进入 Python Shell 窗口

> **提示**　图 1.9 中的 >>> 是 Python 提示符。它在告诉你，Python 已经准备好了，在等着你键入 Python 指令。

06　设置字体　为了后续编写的程序便于阅读，按图 1.10 所示操作，在 Settings 对话框中设置 Font Face 字体为 Arial Unicode MS，Size 字号为 18，Bold 字型为加粗。

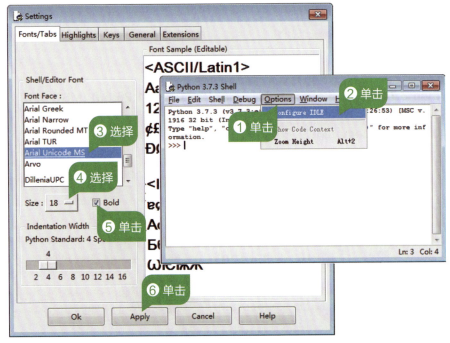

图 1.10　设置 Python 编辑器字体

7

1. IDLE

IDLE 是 Python 自带的开发环境，可实现计算机与人之间的互动交流，分为 2 种，如图 1.11 所示，我们习惯在"环境一"中编写程序。

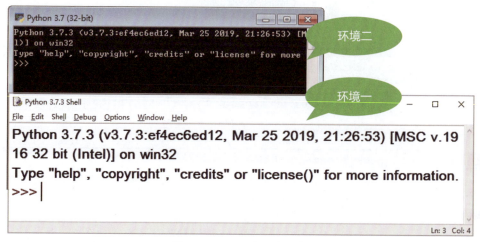

图 1.11　IDLE 的开发环境

2. 编程方式

在 Python 中编写程序有 2 种方式，如图 1.12 所示。第 1 种是逐行执行指令；第 2 种是编写多行程序，然后集中执行。

图 1.12　逐行执行与编写多行程序

1.2 发号施令——Python 编程初体验

发号施令是指发命令、下指示。编程就是使用计算机的语言,精确地给计算机发号施令,让它去完成某一个任务。

- print(打印)
- pen(笔)
- turtle(龟)
- circle(圆)

1.2.1 有问必答——与 Python 交流

Python 如同我们的好朋友一样,你可以与它进行交流对话。如果你说的它能听懂,它就会按你的要求执行。如果你说的它听不懂,Python 还会给出红色的错误提示。

案例 1　Hello,你好

第一次打开 Python,使用 Python 编程是在逐行执行的窗口中进行。先和它打声招呼吧,在屏幕上输出"Hello",接着再考一考 Python 的计算能力。

扫一扫,看视频

工作坊

01 打个招呼　按图 1.13 所示操作,运行 Python 软件,在光标闪烁处输入 print('hello') 命令后,再按回车键。

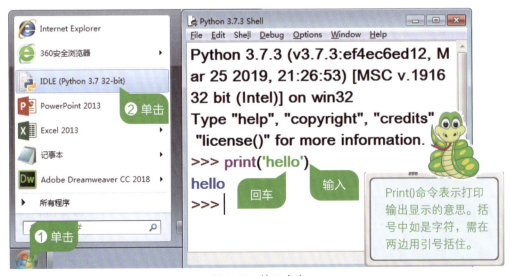

图 1.13　输入命令

02　考考计算能力　按图 1.14 所示操作，在光标闪烁处输入 print(3+4) 命令后按回车键，看看出现什么结果。

图 1.14　考考计算能力

03　发号施令　按图 1.15 所示操作，在光标闪烁处输入 print('Python hello!') 命令后按回车键，接着输入 print(3*4) 命令后按回车键，试一试结果是否正确。

图 1.15　发号施令输入指令

04　调试程序　如果你输入命令后，按回车键没有出现上面的操作结果，而是如图 1.16 所示出现一段红色的英文，这就表明你输入出错了。

图 1.16　调试程序

案例 2　首先来画个圆

案例 1 的操作是在 Python 提示符 >>> 下一条一条地给出命令。我们有时会一次性将多条指令写成一个文件，然后让程序一次性执

扫一扫，看视频

行。如图 1.17 所示,我们让 Python 画个圆,来开始真正的第一次编程之旅吧!

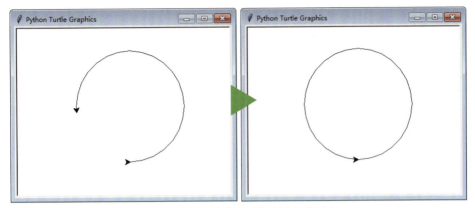

图 1.17 "小海龟画图"程序运行效果

🏛 工作坊

01 新建源文件 选择 File → New File 命令,新建一个源文件,进入 Python 多行编程界面,如图 1.18 所示。

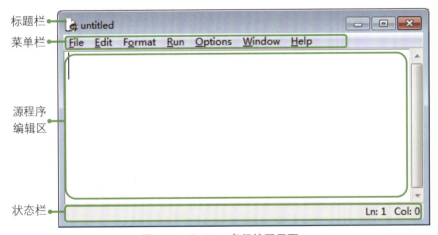

图 1.18 Python 多行编程界面

> **提示** 一个源文件只能编写一个程序,如再编写另一个程序,还需要新建一个源文件。

02 编写程序 在源文件的编辑界面输入以下代码,如图 1.19 所示。输入代码需注意使用英文半角,还要注意英文的大小写。

图 1.19　输入程序代码

03　保存程序　按图 1.20 所示操作，以"1-2-1.py"为程序名保存文件。

图 1.20　保存文件

04　运行程序　选择 Run → Run Module 命令，运行程序，运行结果如图 1.17 所示，小海龟在画布上慢慢爬行，画出一个圆。

1.2.2　妙笔生花——让 Python 绘画

使用 Python 小海龟库中的画图命令，能很方便地绘制图形。关键是你如何妙笔生花般地编写程序，让我们的小海龟笔走龙蛇般地绘制精美图形。

- left(向左)
- right(向右)
- pencolor(笔的颜色)
- width(线条粗细)

案例 3　画多个圆

在 Python 中有一个海龟库，又称为海龟模块，库里有一只完全听指挥的小海龟，用于绘制有趣的图形。如图 1.21 所示，只要给它发出指令，它就会跟着指令画出美丽的图形。

第 1 章 揭开 Python 神秘面纱

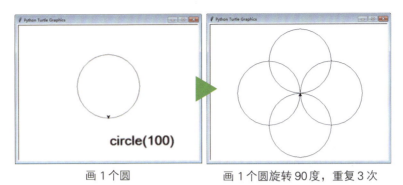

画 1 个圆　　　　　　画 1 个圆旋转 90 度，重复 3 次

图 1.21　"画多个圆"程序运行效果

🔬 研究室

1. 思路分析

案例 3 是让小海龟画多个圆的图案。如图 1.22 所示，就是在画 1 个圆的基础上，让小海龟右转 90 度，再画第 2 个圆，以此类推，完成 4 个圆的绘制。

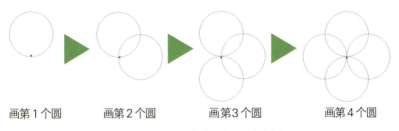

画第 1 个圆　　　画第 2 个圆　　　画第 3 个圆　　　画第 4 个圆

图 1.22　"画多个圆"思路分析

2. 算法描述

第一步：调用小海龟模块，让小海龟出场。
第二步：画第 1 个圆，右转 90 度。
第三步：画第 2 个圆，右转 90 度。
第四步：画第 3 个圆，右转 90 度。
第五步：画第 4 个圆，完成任务。

🏛 工作坊

1. 编程实现

代码清单 1-2-2：画多个圆

```
import turtle              # 导入 turtle 模块
xa=turtle.Pen()             # 创建画布，定义小海龟名为 xa
xa.circle(100)              # 画第 1 个半径为 100 像素的圆形
xa.right(90)                # 右转 90 度
xa.circle(100)              # 画第 2 个半径为 100 像素的圆形
xa.right(90)                # 右转 90 度
xa.circle(100)              # 画第 3 个半径为 100 像素的圆形
xa.right(90)                # 右转 90 度
xa.circle(100)              # 画第 4 个半径为 100 像素的圆形
```

> **提示**
>
> 代码中"#"为注释符，"#"后面的文字表明是对左侧代码的注解。初学程序时，红字是注释部分，可以不用输入。

2. 编写程序

按图 1.23 所示操作，打开 IDLE 编辑器，新建 Python 文件，输入代码后，按 Ctrl+S 键，以文件名"1-2-2.py"保存文件。

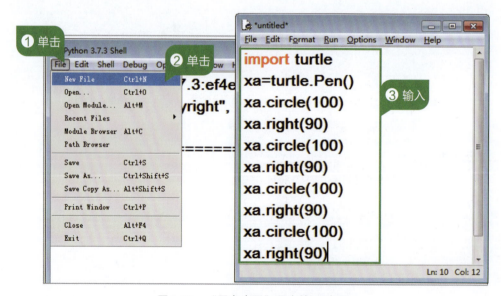

图 1.23 "画多个圆"程序编写过程

3. 运行调试

按图 1.24 所示操作，可执行程序。除此之外，也可以按 F5 键直接运行程序。

第 1 章 揭开 Python 神秘面纱

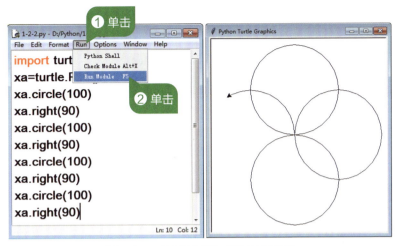

图 1.24 "画多个圆"程序运行效果

4. 答疑解惑

在程序运行调试过程中，如果出现程序代码写错，系统会自动给出提示。如图 1.25 所示，红色 turtle 前的"＝"是中文全角等于符号，不是英文"="，所以在执行程序时会弹出报错提示。单击"确定"按钮后，将中文的"＝"修改为英文的"="后，再按 F5 键执行程序，小海龟就能正常绘画操作了。

对于相同的代码，可以使用复制粘贴的方式，提高代码的输入效率，但输入一定要在英文半角状态下。Python 语言区别大小写，其中 Pen() 中 P 是大写字母。

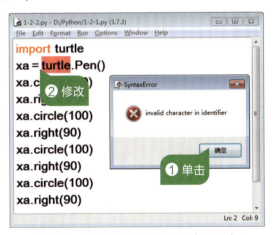

图 1.25 "画多个圆"程序调试运行过程

5. 修改程序

编程最大的乐趣在于，你可以让计算机按自己的意图执行程序。单击 File → Open 命令，打开"1-2-2.py"文件。试着修改小海龟画圆的半径数值，如图 1.26 所示操作,将第1次半径改为40,第2次半径改为60,第3次半径改为80,第4次半径改为60,并另存为"1-2-2a.py"。按F5键运行程序,画出大大小小不一样的圆。

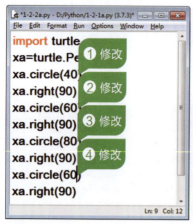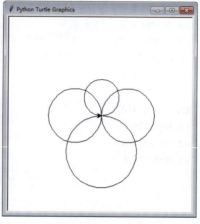

图1.26 "画多个圆"程序修改运行效果

案例4 画彩色圆

"1-2-2.py"程序是画多个圆,只需在这个案例的基础上,添加设置小海龟颜色的语句,就能画出不同颜色的圆。如图1.27所示就是小海龟绘制出的彩色圆。怎么样,有趣吧?快来学习改变画笔颜色,让小海龟绘制彩色图形吧!

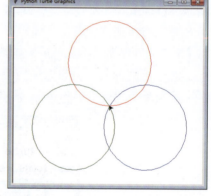

图1.27 "画彩色圆"程序运行效果

研究室

1. 思路分析

为小海龟定义画笔的颜色,其中red表示红色,blue表示蓝色,green表示绿色。如图1.28所示,分析"画彩色圆"程序可以看出,先需要设置第1个圆的颜色,让小海龟先画红色的圆,再旋转120度画蓝色的圆,接着旋转120度画绿色的圆。

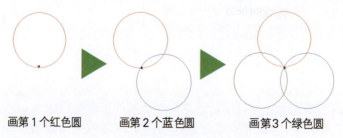

图1.28 "画彩色圆"思路分析

2. 算法描述

根据以上分析，算法描述如下。

第一步：调用海龟模块，并定义小海龟名称为 xa。

第二步：设置海龟画线的颜色为红色。

第三步：画第 1 个半径为 100 像素的红色圆，并右转 120 度。

第四步：设置海龟画线的颜色为蓝色。

第五步：画第 2 个半径为 100 像素的蓝色圆，并右转 120 度。

第六步：设置海龟画线的颜色为绿色。

第七步：画第 3 个半径为 100 像素的绿色圆，完成任务。

工作坊

1. 编程实现

代码清单 1-2-2b：画彩色圆形

```
import turtle            # 导入 turtle 模块
xa=turtle.Pen()          # 创建画布，定义小海龟名为 xa
xa.pencolor('red')       # 设置海龟画线的颜色为红色
xa.circle(100)           # 画第 1 个半径为 100 像素的圆形
xa.right(120)            # 右转 120 度
xa.pencolor('blue')      # 设置海龟画线的颜色为蓝色
xa.circle(100)           # 画第 2 个半径为 100 像素的圆形
xa.right(120)            # 右转 120 度
xa.pencolor('green')     # 设置海龟画线的颜色为绿色
xa.circle(100)           # 画第 3 个半径为 100 像素的圆形
```

2. 运行调试

按快捷键 F5 运行程序，效果如图 1.27 所示。你还可以设置修改变量 xa.pencolor('red') 的颜色为 yellow、orange、purple、black 等。

3. 修改完善

如图 1.29 所示，还可以设置线的粗细，使用 xa.width(3) 让蓝圆的线宽度为 3 个像素，使用 xa.width(6) 让绿圆的线宽度为 6 个像素，使画出的圆更有特色。

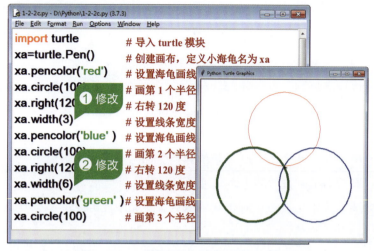

图 1.29 "画彩色圆"程序调试运行效果

知识库

1. Turtle 海龟绘图模块

在 Python 语言中,可以调用 Turtle 模块快速绘制图形。如图 1.30 所示,让一个小海龟在一个横轴为 X、纵轴为 Y 的坐标系原点 (0,0) 位置开始,根据一组函数指令的控制在这个平面坐标系中移动,可以依据它爬行的路径绘图。

2. Turtle 海龟模块指令

Python 海龟模块提供了很多指令,这些指令的意思与其英文的意思基本相同,所以很好理解,常用的 Python 海龟模块指令作用如下。

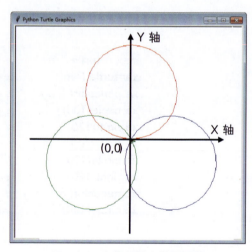

图 1.30 用海龟绘图模块画图

指令	作用
Import turtle	导入 turtle 模块
xa=turtle.Pen()	创建一个画布,给海龟起名为 xa
xa.forward(100)	让 xa 海龟往前移动 100 像素
xa.backward(100)	让 xa 海龟往后移动 100 像素
xa.right(45)	让 xa 海龟右转 45 度
xa.left(45)	让 xa 海龟左转 45 度
xa.circle(100)	让 xa 海龟画半径为 100 像素的圆形

第 1 章 揭开 Python 神秘面纱

创新园

1. 阅读程序写结果

```
import turtle
xa=turtle.Pen()
xa.circle(100)
xa.right(60)
xa.circle(100)
xa.right(60)
xa.circle(100)
```

画的图形是：_____

2. 修改程序错误

下面程序有两处错误，请修改。

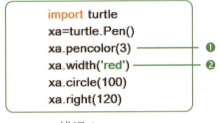

错误 1：_____ 错误 2：_____

3. 编写程序

xa.forward(100) 是让小海龟画一个线段，xa.right(90) 是让小海龟转 90 度，请试一试编程，绘制下面的图形。

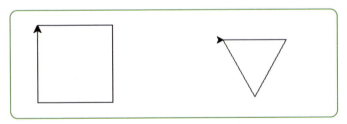

1.3 小试牛刀——体验编写程序的乐趣

对于零起点的初学者来说，Python 语言学习上手也很容易。首先我们通过模仿，能读懂案例程序，并对部分语句进行修改，从中体验编写程序的乐趣。下面就小试牛刀，开启我们的程序初体验吧！

- guess(猜)
- age(年龄)
- if(如果)
- input(输入)
- int(取整数)
- else(其他)

1.3.1 心中有数——出题考考 Python 计算能力

"心中有数"出自《庄子·天道》，意思是对情况和问题有基本的了解，处理事情有一定把握。Python 有着强大的计算能力，只要你能给出让 Python 读懂的命令，Python 都能立即给出正确的计算结果。

案例 5 测试 Python 计算能力

我们首先体验一下交互式编程，比如你可以考一考计算机的计算能力。如图 1.31 所示，在窗口提示符中输入 print(999*999) 后按回车键，Python 立即给出答案 998001。

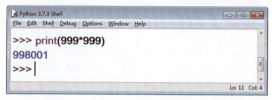

图 1.31　Python 交互式编程体验

研究室

1. 思路分析

如图 1.32 所示，print 是紫色，代表是输出打印命令，之后的内容为参数，在 print 命令中参数需要用 () 括起来。计算结果 998001 的颜色是蓝色。Python 的色彩设置可以方便阅读程序。

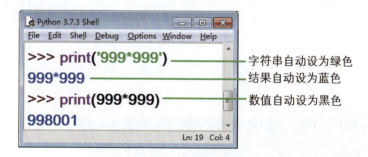

图 1.32　Python 语言自动设置颜色

根据这种方式我们可以测一测 Python 的计算能力，看一看 Python 的计算与普通的计算器有什么区别。

2. 算法描述

第一步：计算 999*999。

第二步：计算 999*999*999*999。

第三步：计算 999*999*999*999*999*999*999*999。

第四步：计算 999*999*999*999*999*999*999*999*999*999*999*999*999*999*999*999。

🏛 工作坊

1. 编程实现

代码清单 1-3-1：测试 Python 计算能力

```
print (999*999)
print (999*999*999*999)
print (999*999*999*999*999*999*999*999)
print (999*999*999*999*999*999*999*999*999*999*999*999
       *999*999*999*999)
```

2. 运行调试

使用 Python 交互式编程一条一条地输入代码，查看运行结果。在输入完第 4 条命令后，你会发现普通的计算器根本没办法显示这么长的数，普通的计算器只能用科学记数法代替，而 Python 却给出准确的计算结果数字。

图 1.33 "测试 Python 计算能力"程序运行效果

3. 答疑解惑

Python 在交互式编程环境下，如果输入的命令出错，系统会自动给出错误提示，如图 1.34 所示。print 999*999 是错误的，需加 ()，改为 print(999*999)。正是由于 Python 交互性强大，所以特别方便编程者发现错误。

图 1.34 "测试 Python 计算能力"程序调试运行过程

1.3.2 初生牛犊不怕虎——编写 Python 小游戏

真是初生牛犊不怕虎,第 1 章就让我们编写游戏?难道编写游戏这么简单?没错的,大家如果继续学习就会发现,本书的学习是围绕着一个又一个的案例展开,跟着本书完成这些案例的编写,你就会在不知不觉中掌握 Python 编程知识。

案例 6 猜猜我多大

我们先来体验下猜 Python 年龄的小游戏。打开"1-3-2.py"文件,如图 1.35 所示,按 F5 键运行程序,根据提示输入 2019,该程序给出回答错误的显示结果。按 F5 键第 2 次运行程序,根据提示输入 1989,该程序给出回答正确的显示结果。

扫一扫,看视频

图 1.35 "猜猜我多大"程序运行效果

研究室

1. 思路分析

从运行中我们可以看到，此 Python 程序具备一定的判断能力，只有输入 Python 语言正确的诞生年份，才能给出正确的回答，否则给出错误的回答。

这种形式就是以后章节中我们要学习到的条件语句，在这个案例中我们可以先体验一下，感受一下条件语句的使用。

2. 算法描述

根据上述分析，如图 1.36 所示，猜 Python 年龄程序中必有一条非常重要的判断语句，这条语句的功能可实现对输入的数据进行判断。

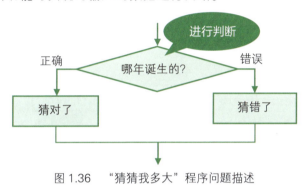

图 1.36 "猜猜我多大"程序问题描述

工作坊

1. 编程实现

代码清单 1-3-2：猜猜我多大

```
guess=input('猜猜Python语言哪一年诞生：')
age =int(guess)
if age ==1989:          #如果age等于1989，判断正确后执行
    print('*_*,你的Python语言知识了解得真多！')
    print('可是，猜对了也没有奖励！')
else:                   #如果age不等于1989，执行else:以下的语句
    print('^.^,猜错啦，Python是1989年诞生的！')
print('游戏结束，不玩啦！')
```

2. 答疑解惑

在运行程序过程中，输入的内容应是数字，但是如果不小心输入的是字符，Python 就会立即给出错误的提示，如图 1.37 所示。

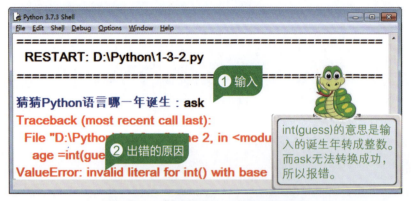

图1.37 "猜猜我多大"编程调试过程

3. 修改程序

根据猜Python年龄"1-3-2.py"文件，修改为"1-3-2a.py"文件。

代码清单1-3-2a：猜猜我多大

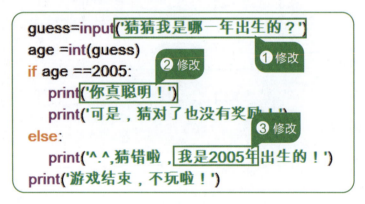

知识库

1. Python 行

可以分为物理行和逻辑行。逻辑行中句与句之间用";"区分。以下两种代码执行时功能是一样的。

物理行代码	逻辑行代码
print('Hello') print('Python') print('!')	print('Hello');print('Python');print('!')

2. Python 文件

Python 文件的打开、保存等操作，与我们所学过的 Word 等软件相同。需要注意的是 Python 文件扩展名为 .py。在保存文件时，要注意给文件起一个好记的名字。本书为了便于大家学习，所有文件名命名方式统一。

创新园

1. 阅读程序写结果 1

```
>>> print('欢迎'+'您！')
```

输出：_____

2. 阅读程序写结果 2

```
>>> print('欢迎'+'您！'*3)
```

输出：_____

3. 阅读程序写结果 3

```
score=float(input('输入一个成绩：'))
if score>=90:
    print('A')
elif score>=60:
    print('B')
else:
    print('C')
```

输入：85　输出：_____

第 2 章

编程基础先打好

万丈高楼平地起,做任何事都要从基础做起,学习编程也不例外,我们先从 Python 语言的基础知识开始吧!

通过第 1 章的学习,了解了 Python 的下载安装,也体验了让 Python 画画与编写小游戏的乐趣。但是要想解决更多问题,还需要学习 Python 语言的基础知识,如常量和变量、常用的数据类型以及数据类型的转换等。

学习内容

- 常量和变量
- 数据类型
- 数据类型转换

2.1 知人善任——常量和变量

知人善任的意思是熟知每个人的能力，分别委以能够胜任的职务，合理地使用。在编程时，有些量是发生改变的，有些量是不变的，不变的可以定义为常量，发生改变的定义为变量。什么时候使用常量，什么时候使用变量，要根据具体情况。

2.1.1 有一得一——常量

在 Python 中，程序运行时不会被更改的量称为常量。例如，在计算圆的周长与面积时，使用的圆周率是 3.14，在运行时它一直不变，就是常量。

- ✓ PI(圆周率)
- ✓ radius(半径)
- ✓ circumference(周长)
- ✓ area(面积)

在程序运行时，常量是独一无二的，不可变化。Python 语言中未提供常量保留字，但我们可以自定义常量。在习惯上，常量名用大写，变量名用小写进行区别。

案例1　求圆的周长与面积

用计算机编程可以解决生活中的小问题。在学习了圆的周长与圆的面积计算公式后，小芳想利用计算机进行编程。要求如下：只要输入任意圆的半径，就可以求出圆的周长与面积。

扫一扫，看视频

研究室

1. 思路分析

在求圆的周长与面积时，圆周率是一个常数，对于常数可以定义一个常量来存储。在程序中定义圆周率的常量名为 PI，代表常数 3.14。在运行程序时，遇到 PI 就用常数 3.14 代替，常量 PI 就参与计算。

圆周长=2×圆周率×圆半径
圆面积=圆周率×圆半径×圆半径

2. 算法描述

先定义常量 PI=3.14，再输入圆的半径，接着编写公式，让程序计算圆的周长和圆的面积，最后输出结果。其编程思路如下所示。

第一步：定义常量 PI，PI 的值为 3.14。
第二步：输入圆的半径。
第三步：计算圆的周长，计算公式：圆周长 =2*PI* 圆半径。
第四步：输出圆的周长。
第五步：计算圆的面积，计算公式：圆面积 =PI* 圆半径 * 圆半径。
第六步：输出圆的面积。

工作坊

1. 编程实现

代码清单 2-1-1：求圆的周长与面积

```python
PI=3.14                                 # 定义 PI 常量，值为 3.14
radius=float(input("输入圆半径:"))       # 输入圆半径
circumference=2*PI*radius               # 计算圆的周长
print("圆的周长是: ",circumference)      # 输出圆的周长
area=PI*radius*radius                   # 计算圆的面积
print("圆的面积是: ",area)               # 输出圆的面积
```

2. 运行调试

第 1 次运行程序，输入圆半径数值为 2。
第 2 次运行程序，输入圆半径数值为 4。

3. 答疑解惑

在 Python 中默认是没有常量的，如果要使用常量，需要自己设定常量。给常量取个名字，用标识符代表它。

4. 优化程序

运行"2-1-1a.py"程序，对比"2-1-1.py"程序代码，看一看有什么区别？你喜欢哪一种编写方式？为什么？

代码清单 2-1-1a：求圆的周长与面积

```
PI=3.14
r=float(input("输入圆半径:"))
c=2*PI*r
print("圆的周长是: ",c)
s=PI*r*r
print("圆的面积是: ",s)
```

知识库

1. 常量的优势

常量是指一旦初始化后就不能修改的固定值，常量有着修改方便与可读性强的优点。

- **修改方便**：无论程序中出现多少次定义的常量，只要在定义语句中对定义的常量值进行一次修改，就可以全改。
- **可读性强**：常量具有明确的含义，如上述程序中定义的 PI，一看到 PI 就会想到圆周率。

2. 常量的定义

Python 中没有专门定义常量的方式，通常使用大写变量名表示，这仅仅是一种提示效果，本质还是变量。但是 Python 是一门功能强大的语言，在以后的学习过程中，可以试着定义一个"常量类"来实现常量的功能。定义"常量类"时，需符合"命名全部为大写"和"值一旦被绑定便不可再修改"这两个条件。

创新园

1. 阅读程序写结果

代码清单 2-1-1b：输出字符图形

```
SYMBOL='#'           # 定义SYMBOL常量
print(SYMBOL*1)      # 输出显示1个常量'#'
print(SYMBOL*3)      # 输出显示3个常量'#'
print(SYMBOL*5)      # 输出显示5个常量'#'
SYMBOL='$'           # 重新定义SYMBOL常量
print(SYMBOL*1)      # 输出显示1个常量'$'
print(SYMBOL*3)      # 输出显示3个常量'$'
print(SYMBOL*5)      # 输出显示5个常量'$'
```

输出的结果是：＿＿＿＿＿＿＿＿＿＿

2. 填写代码完善程序

参考"2-1-1b.py"程序代码，试一试添加一条输入语句，让程序能接收输入的字符，并另存为"2-1-1c.py"，程序执行效果如下。

```
请输入任意符号:abc          请输入任意符号:!!
abc                        !!
abcabcabc                  !!!!!!
abcabcabcabcabc            !!!!!!!!!!
```

代码清单 2-1-1c：输出字符图形

```
SYMBOL=_____("请输入任意符号:")
print(SYMBOL*1)    #输出1个SYMBOL
print(SYMBOL*3)    #输出3个SYMBOL
print(SYMBOL*5)    #输出5个SYMBOL
```

空格处填写的内容是：_____

3. 修改代码调试程序

打开"2-1-1d.py"程序，修改常量文字，内容自己可任意定义，执行程序后，所绘制的心形图案文字就变成所更改的文字，感受常量定义的神奇。

注：关于"绘制心形图案"程序代码的理解，还需要你继续学习后面章节的内容哦。

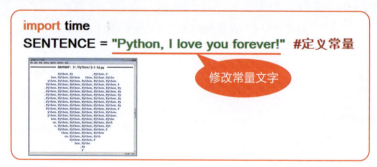

2.1.2 以一当十——变量

生活中的事物很多时候是需要变化的。在 Python 中，相对于常量的值运行时固定不变，变量的值却是变化多端。程序运行时，随着程序的运行而更改的量为变量。

- variable(变量)
- constant(常量)

Python 中的变量赋值不需要提前声明。如果想定义一个变量，只需要取一个符合标识符命名规则的变量名，然后通过赋值语句的帮助，即可定义变量。

使用赋值号 (=) 用来给变量赋值。赋值号 (=) 左边是一个变量名，赋值号 (=) 右边是存储在变量中的值。例如：

```
counter = 100          # 赋值整型变量
miles = 1000.0         # 浮点型
name = "Xiaofan"       # 字符串
```

案例 2　小猴子摘果子

有一天，一只小猴子来到果园里，它走到苹果树下，看见满树的苹果，就爬上树摘了 2 个。站在苹果树上看到不远处的梨子树，又黄又大，小猴子丢掉苹果，又爬到梨子树上摘了 1 个梨子。它正准备吃，又看到前方的桃子树，满树的桃子又红又大，小猴子高高兴兴跑到桃树上，摘了 3 个桃子。这时远处香蕉林中传来小鸟叫声，小猴子很想吃香蕉，又掰了 6 个香蕉。这只可爱的小猴子最后手中的水果是什么？采了多少个水果？

扫一扫，看视频

1. 思路分析

在整个过程中，小猴子所摘的水果名称是变化的，水果数量也是变化的。案例中小猴子摘的果子名称就是一个变量，摘的果子数量也是一个变量。

每个变量在使用前都必须被赋值，给变量赋值用赋值号 (=)。赋值号左边是一个变量名，赋值号右边用来存储变量中的值。小猴子摘水果数使用 i 来表示，"i=i+ 每次摘的水果数"表示所摘的个数，其中最左边的 i 为摘后的统计的水果数，右边的 i 为摘前统计的水果数。

2. 算法描述

先设定水果名称变量 mc，水果数量变量 i，其编程思路如下。

第一步：摘苹果，mc="苹果"，i=2。
第二步：摘梨子，mc="梨子"，i=2+1。
第三步：摘桃子，mc="桃子"，i=2+1+3。
第四步：掰香蕉，mc="香蕉"，i=2+1+3+6。
第五步：输出变量 mc，i。

工作坊

1. 编程实现

代码清单 2-1-2：小猴子摘果子

```
mc="苹果"        # 定义水果名称变量 mc
i=2             # 定义水果数量变量 i
mc="梨子"
i=i+1           # 让 i=2+1，此时左边 i=3
mc="桃子"
i=i+3           # 让 i=3+3，此时左边 i=6
mc="香蕉"
i=i+6           # 让 i=6+6，此时左边 i=12
print(mc,i)
```

2. 运行调试

第 1 次运行程序，输出：香蕉 12。

为进一步理解变量的变化，我们可以在每一次变量变化结束之后，添加输出语句，可查看 mc 和 i 变量值的变化过程。

第 2 次修改运行程序，在"2-1-2.py"程序文件中添加输出语句，程序修改代码见"2-1-2a.py"，运行结果如下图所示。

代码清单 2-1-2a：小猴子摘果子

3. 答疑解惑

这个例子中，小猴子先摘了 2 个苹果，接着摘了 1 个梨子，后又摘了 3 个桃子，最后掰了 6 个香蕉。这些是在程序运行的过程中发生变化的量，我们把它们称之为变量。即 i 可以表示 2、3、6、12 等数字，mc 可以表示苹果、梨子、桃子、香蕉等字符串。

知识库

1. 变量命名

在 Python 中，在命令提示符后定义变量。变量命名要注意以下事项。

(1) 变量命名可包括字母、数字、下画线，但数字不能作为变量名的开头。

例如，a123、a_123 是可以作为变量名的，但 123a、123_a 则不能作为变量名。

(2) 系统关键字不能用。

例如，系统输出命令 print、系统输入命令 input 不能作为变量名。

(3) 在 Python 中，变量命名区分字母大小写。

例如，r1 和 R1 就是两个变量名。

(4) 定义变量并赋值，系统会自动检查。

例如，运行程序时出现红色提示"Syntax Error: invalid syntax"，则表示命名不符合规范。变量名不能包含空格或标点符号。

2. 变量运行时值的变化

在 Python 中，变量会根据程序运行而发生变化，以小猴子每次摘的水果数量为例，可以看出 mc 变量每次都会更换成一个水果的名称，i 变量会随摘的水果数变化而变化。

摘的过程	摘的水果	摘的个数	摘前水果数量	摘后水果数量
🍎	mc="苹果"	2	i=0	i=2
🍐	mc="梨子"	1	i=2	i=2+1=3
🍑	mc="桃子"	3	i=3	i=3+3=6
🍌	mc="香蕉"	6	i=6	i=6+6=12

创新园

1. 阅读程序写结果

程序1代码
```
a=3
a=5
a=7
print(a)
```

程序2代码
```
a=3
b=5
print(a)
print(b)
```

程序3代码
```
a=3
b=5
print(a+b)
```

输出：_____   输出：_____   输出：_____

2. 测试程序写结果

运行"2-1-2b.py"程序，试着输入不同角度的值，看一看小海龟会画出什么图形。

代码清单 2-1-2b：小海龟画几何图形

```
import turtle
xa=turtle.Pen()
a=int(input("请输入角度："))    # 定义角度变量 a
xa.circle(100)                  # 小海龟画圆
xa.right(a)                     # 小海龟右转 a
xa.circle(100)
xa.right(a)
xa.circle(100)
xa.right(a)
xa.circle(100)
xa.right(a)
```

第 1 次执行输入：90   输出的图形是：_____
第 2 次执行输入：120   输出的图形是：_____

3. 修改代码调试程序

打开"2-1-2c.py"程序，按 F5 键，运行程序。修改变量 i 为 i*2，运行程序，观察小海龟根据变量 i 的变化所绘出图形的变化。

代码清单 2-1-2c：小海龟画迷宫

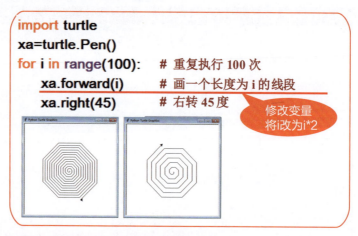

2.2 不分伯仲——数据类型

Python 中包含多种数据类型，各种数据类型的作用不分伯仲，各有不同。基本数据类型有 6 种，本节重点介绍数字型和字符串型，其他类型在后面章节中陆续介绍。

2.2.1 量入为出——数字型

在 Python 中数字型又可分为整数型、浮点型、复数型和布尔型 4 种。只有掌握好这些数字型的作用,在实际应用中,量入为出,根据需要使用不同的数字类型。

- ⊘ int(整数型)
- ⊘ float(浮点型)
- ⊘ complex(复数型)
- ⊘ bool(布尔型)

案例 3　比比谁算得快

小芳对小伙伴说:"数字型应该是最直观、最简单的类型,你们能想到的数,Python 都认识,都能迅速给出回答,不信我试给你们看"。小芳分别输入不同的数值,Python 都能快速给出结果。

扫一扫,看视频

小芳想测试一下 Python 对数字处理的计算能力,你能帮助她出一些计算题来考一考 Python 吗?

研究室

1. 思路分析

Python 能分别对整数、小数与负数进行识别与处理,还能对二进制、八进制和十六进制数进行识别与处理。就算是复数,Python 也都能快速处理。

我们可以采用 +、-、×、÷ 数学符号,设计不同的计算公式,考一考 Python 的计算能力。

需要注意的是,在 Python 中 × 与 ÷ 分别是用 * 与 / 来表示。

2. 算法描述

通过上面的分析,我们来设计数值公式,考考 Python 对不同类型数值的计算能力。

第一步:正整数计算公式　　　123456789*987654321

第二步:负整数计算公式　　　-123456789*987654321

第三步：小数计算公式　　　　987654.321/1234567.89
第四步：负数计算公式　　　　-1234567.8*9987654.321
第五步：二进制数计算公式　　0b1001*0b1111
第六步：八进制数计算公式　　0o7654321*0o1234567
第七步：十六进制数计算公式　0Xffff/0X1111
第八步：复数计算公式　　　　-0.184j*0.184j

🏛 工作坊

1. 编程实现

代码清单 2-2-1：比比谁算得快

```
print (123456789*987654321)      # 正整数计算
print (-123456789*987654321)     # 负整数计算
print (987654.321/1234567.89)    # 小数计算
print (-1234567.8*9987654.321)   # 负数计算
print (0b1001*0b1111)            # 二进制数计算
print (0o7654321*0o1234567)      # 八进制数计算
print (0Xffff/0X1111)            # 十六进制数计算
print (-0.184j*0.184j)           # 复数计算
```

2. 运行调试

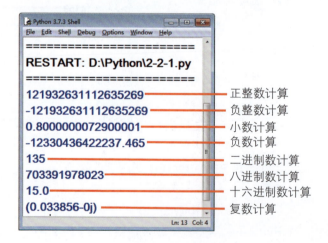

3. 答疑解惑

　　Python 支持整数、浮点数、复数等数值类型，这些数值类型不用定义就可以直接计算。Python 在这方面也不同于 C、C++ 等语言，非常方便初学者，不用担心定义的数值类型出错。

知识库

1. 数值类型

在 Python 语言中，常用的数值类型一共有 4 种。

- **整数型 (int)**：整数的意义和我们在数学中的整数是相同的，整数的数只包括正整数、负整数和 0。
- **浮点型 (float)**：浮点型既可以表示整数，也可以表示小数。
- **复数型 (complex)**：与数学上的复数相同，用后面加 j 来表示虚数部分。
- **布尔型 (bool)**：表示真与假，是与非，用数字 0 或 1 表示。

2. 常用运算符号

在 Python 语言中，将数学表达式改为计算机表达式，需掌握以下运算符号。其中幂运算的优先级较高，其次是乘法、除法、取余和取整，最后是加减法。

功能	符号	功能	符号
加法	+	取余	%
减法	−	取整	//
乘法	*	幂运算	**
除法	/	括号	( )

创新园

```
a=40    #长方形的长
h=20    #长方形的宽
s=a*h   #长方形的面积
print (s)
```

1. 阅读程序写结果

代码清单 2-2-1a：输出长方形的面积

输出的面积是：_____

2. 填写代码、完善程序

打开 "2-2-1b.py" 程序，完成代码填写，并写出运行结果。

```
a=40    #三角形的底
h=20    #三角形的高
_____  #三角形的面积
print (s)
```

代码清单 2-2-1b：输出三角形的面积

空格处代码是：_____ 输出的面积是：_____

3. 编写程序

模仿 "2-2-1b.py" 程序，试着编写求梯形面积 "2-2-1c.py" 程序。

其中，$a=30$，$b=50$，$h=20$，输出的面积是：_____

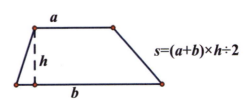

$s=(a+b)×h÷2$

2.2.2 非此即彼——布尔型

日常生活中，经常遇到询问一个同学是男生还是女生之类的问题，其答案是在男生或女生之间进行逻辑判断，这种逻辑判断状态具有"非此即彼"的特殊性。

- ✓ True(真)
- ✓ False(假)
- ✓ or(或)
- ✓ and(并且)

对于这类问题，Python 使用布尔型数据来表达这种逻辑判断状态。这种类型数据只可被赋予 True 或 False，分别表示逻辑的真与假、是与非。注意第一个字母为大写，小写的话会默认错误。

案例 4 是真的吗

宣宣这段时间迷上了编程，在学习过 Scratch、C++ 编程后，这个学期开始学习 Python 编程，经常上网查找相关资料，网上有一段介绍 Python 的文字。

(1) 在 Python 中，用 0 表示 False，用 1 或其他非 0 的整数表示 True。

(2) 在 Python 中，所有的对象都可以进行布尔值测试。

宣宣想测试上述内容是不是正确，你能帮助她吗？

研究室

1. 思路分析

案例中有两个问题，引用 bool() 函数进行数据测试，验证是不是真的。

第 1 问：测试 bool(1)、bool(0) 与 bool(100)，看看输出结果是 False 还是 True。

第 2 问：测试 bool('1')、bool('0')、bool('abc') 和 bool(' ')，看看输出结果是 False 还是 True。

2. 算法描述

通过上面的分析，设计出算法，具体算法描述如下。

第一步：打印输出测试的 bool(1)。

第二步：打印输出测试的 bool(0) 与 bool(100)。

第三步：打印输出测试的 bool('1')。

第四步：打印输出测试的 bool('0') 与 bool('abc')。

第五步：打印输出测试的 bool(' ')，完成测试。

第 2 章 编程基础先打好

🏛 工作坊

1. 编程实现

代码清单 2-2-2：是真的吗

```
print (bool(1))      # 测试数值 1 的输出
print (bool(0))      # 测试数值 0 的输出
print (bool(100))    # 测试非数值 1 的输出
print (bool('1'))    # 测试字符 '1' 的输出
print (bool('0'))    # 测试字符 '0' 的输出
print (bool('abc'))  # 测试非 '1' 字符的输出
print (bool(''))     # 测试空字符的输出
```

2. 运行调试

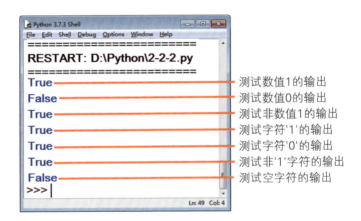

3. 答疑解惑

根据上述运行结果分析，bool(参数) 函数的返回值有两种，一种是 False，另一种是 True。设置不同的参数，函数的返回值运行结果是不同的。

📚 知识库

1. 布尔数据类型

布尔数据类型只有两种取值——真和假，通常用来判断条件是否成立。

取值	布尔值	数值
真	True	1
假	False	0

39

2. 比较运算符

Python 有 6 种比较运算符，运算的结果一般是用布尔型表示。如下表所示，以 5 与 3 两个数比较，比较运算符对应的布尔值。

符号使用情况	运算符	运算后的布尔值
5 < 3	小于	False
5 > 3	大于	True
3 <= 3	小于或等于	True
3 >= 5	大于或等于	False
3 == 5	等于	False
3 != 5	不等于	True

创新园

1. 阅读程序写结果 1

代码清单 2-2-2a：逻辑判断真有趣
输出的值是：＿＿＿＿＿＿＿＿＿＿

```
a = True
b = False
not(a and b)
print ('(a and b) = ', (a and b))
print ('(a or b) = ', (a or b))
print ('not(a and b) = ', not(a and b))
```

2. 阅读程序写结果 2

代码清单 2-2-2b：逻辑判断真有趣
输出的值是：＿＿＿＿＿＿＿＿＿＿

```
a = 3
b = 5
print ('(a > b) = ', (a > b))
print ('(a < b) = ', (a < b))
print ('(a = b) = ', (a == b))
```

3. 编写程序

模仿"2-2-2b.py"程序，试着编写测试字符比较的"2-2-2c.py"程序。

A>a　　男<女
A>B　　小王<小张
A>1　　语文<数学

2.2.3 张冠李戴——字符串

张冠李戴是一个成语，意思是把姓张的帽子戴到姓李的头上。在使用数据类型时，可不能出现这种情况，如果搞错对象，就会导致结果出错。例如 Python 语言中 '100' 因为加了单引号，就不再是数字型而是字符串型。

- chr(返回字符)
- len(字符串长度)
- ord(返回数值)
- turn(翻转)

案例 5　字符朋友手牵手

扫一扫，看视频

宣宣运行一段程序，只要给出两个数字，程序就可以将这两个数字转变成字符，如同字符小朋友排队一样，手牵着手，排成一组好看的字符串队列。

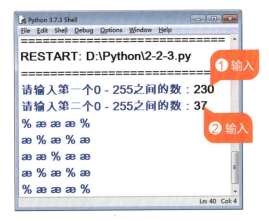

研究室

1. 思路分析

从 ASCII 码表可知，0~31 是 ASCII 控制字符，32~63 是 ASCII 特殊和数字字符，64~127 是 ASCII 字母字符，128~255 是 ASCII 扩展字符。字符 'æ' 的 ASCII 码是 230，字符 '%' 的 ASCII 码是 37。使用 chr() 可以将数值转换成对应的 ASCII 字符。

2. 算法描述

通过上面的分析，设计出算法。分两次接收输入的数值，再使用 chr() 转换成 ASCII 字符，并按一定的顺序排列输出结果。

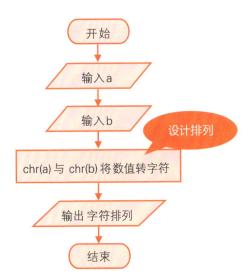

🏛 工作坊

1. 编程实现

代码清单 2-2-3：
字符朋友手牵手

```
a=int(input('请输入第一个0 - 255之间的数：'))    # 输入：230
b=int(input('请输入第二个0 - 255之间的数：'))    # 输入：37
print(chr(b),chr(a),chr(a),chr(a),chr(b))
print(chr(a),chr(b),chr(a),chr(b),chr(a))
print(chr(a),chr(a),chr(b),chr(a),chr(a))
print(chr(a),chr(b),chr(a),chr(b),chr(a))
print(chr(b),chr(a),chr(a),chr(a),chr(b))
```

2. 运行调试

第 1 次运行程序：输入 230、37，查看运行结果。

第 2 次运行程序：输入 176、230，查看运行结果。

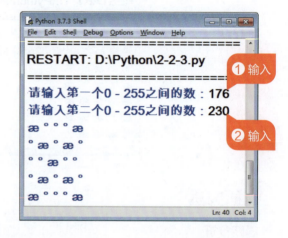

3. 答疑解惑

多次运行程序，输入不同的数字，数字范围选择在 0~255 之间，就可以生成不同的字符图形。通过添加 type()，可查看数值类型。在下图中，可以看出变量 a、b、c、d 分别是什么数据类型。

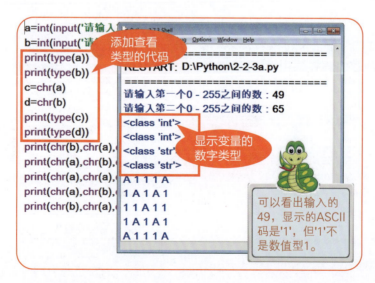

知识库

1. 字符串型定义

在 Python 中声明一个字符串，通常有两种方法：在它的两边加上单引号、双引号。双引号中的字符串与单引号中的字符串用法完全相同，例如 name='hello' 与 "hello" 都能定义字符串。

2. 字符串运算符

掌握 Python 字符串运算符很重要，设置字符串变量 a 为 "Hello"，b 为 "Python"，观察输出结果。

运算符	实例	运行结果	描述
+	>>>a + b	'HelloPython'	字符串连接
*	>>>a * 2	'HelloHello'	重复输出字符串

创新园

1. 阅读程序写结果

代码清单 2-2-3b：英文字母大小写转换

输出的结果是：_____

```
c1='a'
c2='b'
print(c1,c2)
c1=ord(c1)-32      # ord 函数将字符转 ASCII
c2=ord(c2)-32
print(chr(c1),chr(c2))  # chr 函数将 ASCII 转字符
```

2. 填写代码完善程序

输入一个 9 以内的数字，输出它的前一个数和它后面一个数，如输入 5，则输出 4、6。

代码清单 2-2-3c：输出前后两个数

空格处填写的内容是：_____

```
a=input("请输入一个9以内的数字：")
c1=ord(a)-1
c2=_____
print(chr(c1),chr(c2))
```

2.3 变化多端——数据类型转换

在 Python 语言中，不同类型的数据需转换为同一类型后才能进行相关操作。数据类型的显式转换，也称为数据类型的强制类型转换，是通过 Python 的内建函数来实现的类型转换。

2.3.1 再接再厉——整数型与浮点型转换

Python 数据类型有整数型和浮点型,但在实际应用中,整数型是没有办法处理小数的。例如我们接收键盘输入的信息,使用 int() 可以转换成整数,但是要对小数处理,就需要再接再厉,将整数型转换成浮点型,需要用 float() 函数来帮忙。

> **格式:**(类型名)变量或(表达式)
>
> **功能:** 如 int(a) 是将 a 转换为 int 类型,float(5%3) 是将 5%3 的值转换成 float 类型。

案例 6 小数计算也不难

方舟小学的数学老师要求同学们掌握百分比的计算方法,让同学们做如下两道数学题目。

(1) 某班有 140 个同学,其中有 20% 的同学参加了数学竞赛,问参加数学竞赛的有多少人?

(2) 一件商品原价 150 元,由于销量不佳,进行八五折处理,问打完折后这件商品价格是多少?

扫一扫,看视频

小范同学做了很多这样类似的数学题,需要核对自己做得对不对。你能帮助他找出规律,使用编程的方法结合变量的设置编写程序吗?

研究室

1. 思路分析

两道题的共性是总人数或初始价格都是数字型,可以通过设置数字型变量接收输入的数据。都要乘以一个比例,即通过设置浮点型变量,接收输入的比率。最后输出相乘的计算结果。

2. 算法描述

通过上面的分析,设计算法。我们利用变量接收输入的数值,发挥 Python 编程的功能,感受编程解决实际问题的快乐。

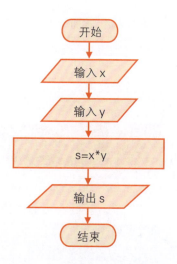

工作坊

1. 编程实现

代码清单 2-3-1：小数计算也不难

```
x=input("请输入初始数x：")      # 接收第一个数
x=int(x)                        # 接收的数设置为整数型
y=input("请输入百分数y：")      # 接收第二个数
y=float(y)                      # 接收的数设置为符点型
s=x*y                           # 计算
print (x,'*',y,'=',s)           # 输出计算结果
```

2. 运行调试

第 1 次运行程序：输入 140、0.2。

第 2 次运行程序：输入 150、0.85。

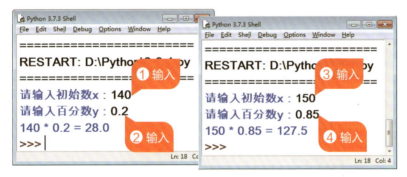

3. 答疑解惑

在 Python 中，从表面看整数型就是整数，浮点型就是小数。通过 type() 函数的帮助，可了解 x、y、s 分别是什么数值类型。

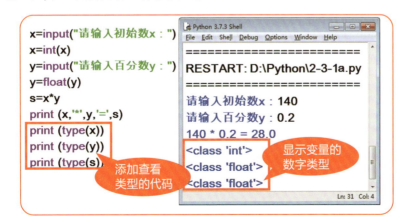

知识库

1. 整数型与浮点型相互转换函数

数字型相互转换函数有很多，最为常用的是 int(x) 和 float(x)。

int(x)：将 x 转换为一个整数。

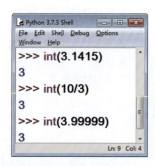

int(x) 中的 x 可以是小数，也可以是计算式。无论 x 的值是多少，只取 x 值的整数部分。

float(x)：将 x 转换为一个浮点小数。

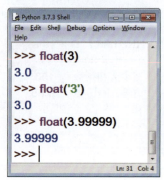

float(x) 中的 x 可以是整数，也可以是小数，还可以是字符串。

2. 数值型转换说明

int() 函数可以将整数型表示的 str 转换成 int 值，但不能将以浮点数表示的 str 转换成 int 值。float() 函数可以将变量转换为 int。例如，'90' 可以转换为 90，'90.0' 不能进行转换，90.0 可以被转换成 90。

float() 函数可以将浮点数表示的 str 转换成 float 值，也可以将 int 变量转换成 float 值。例如，'3.14' 可以变成 3.14，'3' 可以变成 3.0，3 变成 3.0。

创新园

1. 阅读程序写结果

代码清单 2-3-1b：求正方形的面积

```
x=input("请输入小正形的边长：")   # 接收第一个数 2
x=int(x)
s1=x*x
y=input("请输入大正形的边长：")   # 接收第二个数 4
y=float(y)
s2=y*y
print ("小正方形的面积是：",s1)   # 输出计算结果
print ("大正方形的面积是：",s2)   # 输出计算结果
```

输入：2、4　输出的结果是：_____

2. 填写代码完善程序

代码清单 2-3-1c：求长方形的宽

```
mj=float(input("请输入长方形的面积："))
c= float (input("请输入长方形的长："))
k= _____
print("长方形的宽是：",k)
```

输入：38.5、7　空格处填写的内容是：_____

2.3.2　变化莫测——数字型与字符串转换

在 Python 中，每个字母都对应一个 ASCII 值，字符型数据和数字型数据之间相互通用，对字符数据进行算术运算，其实就是对它们的 ASCII 码值进行运算。

案例 7　字符加密不神奇

小范喜欢看谍战片，对加密非常感兴趣，他很想使用 Python 语言设计一个加密程序。想法是：输入一段英文，程序会自动将这段英文按某种加密方式，变成另外一段文字。如果不知道加密的方法，就不会知道这段文字的作用。你能帮助他吗？

扫一扫，看视频

1. 思路分析

从 ASCII 码表可知，字符 'A' 的 ASCII 码 65，字符 'a' 的 ASCII 码是 97，两者的差值为 32。我们可以使用 ord() 将字符转成数值，再加上一个数。例如，y=ord('a')+3 的

意思就是,将 'a' 的 ASCII 码值加 3,此时 y 就表示 'd' 的 ASCII 码值,再用 chr(y) 的方式,将 ASCII 码值还原成 'd',这样就实现了将 'a' 变成 'd' 的加密过程。你只要修改密钥代码 +3 的数值,相加后就会生成不同的字符。

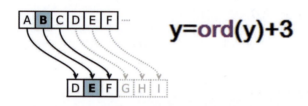

2. 算法描述

通过上面的分析,按下图设计出算法,实际上只要了解加密关键点的过程,其他的代码内容在后续学习过程中自然就会明白。

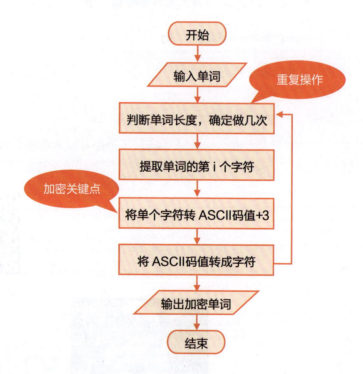

🏛 工作坊

1. 编程实现

代码清单 2-3-2:字符加密不神奇

```
str=input('请输入单词:')      # 输入"abc"进行测试
z=""                          # 定义一个空字符串变量 z
x=len(str)                    # 统计字符串的长度
for i in range(0,x,1):        # 循环
    y=str[i:i+1:]             # 提取字符串第 i 个字符
    y=ord(y)+3                # 将提取字符的 ASCII 码+3
    z=z+chr(y)                # 将加密后的字符组合
print(z)                      # 输出加密后的单词 def
```

2. 运行调试

从程序代码的理解角度出发,我们对"2-3-2.py"程序进行修改,增加中间过程显示的输出,就可以明白代码的最终作用。

代码清单 2-3-2a:字符加密不神奇

```
str=input('请输入单词:')# 输入"abc"进行测试
z=""
x=len(str)
for i in range(0,x,1):
    y=str[i:i+1:]
    print(y)                  # 查看提取字符串第 i 个字符
    y=ord(y)+3
    print(y)                  # 查看提取字符的 ASCII 码+3 过程
    z=z+chr(y)
    print(z)                  # 查看加密后的字符组合
```

运行程序,查看加密程序过程性显示内容。在程序中添加过程性变量的输入,便于调试程序。

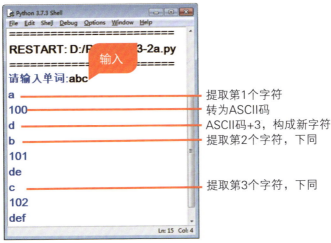

你还可以输入任意单词,该程序会自动为该单词加密。当然你也可以修改密钥 3 为其他的数值,测试不同的加密效果。

3. 答疑解惑

在 Python 中，还可以使用多种字符处理函数，提高程序的加密效果。在后继章节的学习中，将会逐步明白这些函数的作用，熟练地使用函数，改造我们的加密程序，让自己成为密码设计小达人。

Python中字符串操作有多个函数，在后续章节的学习中进一步体验吧！

查看显示结果

知识库

1. 数字与字符串类型转换函数

在对不同数据类型的数据进行混合运算时，需要转换成同一类型，然后进行运算。在赋值运算中，赋值号两边的数据类型不相同时，可将右边表达式值的类型转换为左边变量的类型。一般数字与字符串类型转换函数有如下几种。

str(x) 函数：将对象 x 转换为字符串。
chr(x) 函数：将一个整数转换为一个字符。
ord(x) 函数：将一个字符转换为它的整数值。
hex(x) 函数：将一个整数转换为一个十六进制字符串。
oct(x) 函数：将一个整数转换为一个八进制字符串。

2. ASCII 码

在 Python 语言中，所有字符都是采用的 ASCII 码，ASCII 码使用指定的 7 位二进制数组合来表示 128 种可能的字符。

第 2 章 编程基础先打好

ASCII 值	字符	ASCII 值	字符	ASCII 值	字符	ASCII 值	字符
32	空格	48	0	65	A	97	a
33	!	49	1	66	B	98	b
34	"	50	2	67	C	99	c
35	#	51	3	68	D	100	d
36	$	52	4	69	E	101	e
37	%	53	5	70	F	102	f
47	/	57	9	90	Z	122	z

创新园

1. 阅读程序写结果

代码清单 2-3-2c：字符加密

```
str=input('请输入字母:')    # 请输入"a"测试
y=ord(str)+4
z=chr(y)
print(z)
```

输入：a　　　　　　　　输出：_____

2. 完善程序

如输入大写字母 A，想转成小写字母 a，请完成空格内容的填写。

代码清单 2-3-2d：大写字母转换为小写字母

```
str=input('请输入大写字母:')    # 请输入"A"测试
y=ord(str)+32
z= _____
print("对应的小写字母是：",z)
```

空格处代码是：_____　　输出的值是：_____

第 3 章

顺序结构直向前

通过前两章的学习，我们知道程序就是用来解决问题的，例如计算圆的面积等程序，这些简单的程序已经体现出用计算机处理问题的步骤顺序，每条语句按自上而下的顺序依次执行一次，这种自上而下依次执行的程序称为顺序结构程序。

在一个程序中，所有的操作都由执行部分来完成，而执行部分又都是由一条条基本语句组成的。因此，本章先要学习 Python 语言的赋值、输入输出等基本语句，在学习这些基本语句的过程中，逐步学会问题的解决思路及程序设计的基本方法，让我们一起开始行动吧！

- 赋值语句
- 运算符和表达式
- 输入与输出语句

3.1 军令如山——赋值语句

"军令如山"是一个成语,意思是指军事命令如山一样不可动摇。在 Python 编程中,你所编写的每一条指令,计算机都会严格执行。一个好的程序是由多条语句组成的,我们从最常用的赋值语句开始学起吧!

■ 3.1.1 登坛拜将——赋值符号

"登坛拜将"出自《史记·淮阴侯列传》,汉王刘邦设坛场,拜韩信为大将军。赋值语句和这个成语相类似,在 Python 语言中,通过赋值符号"="为常量、变量赋予不同的数据或表达式。

赋值是通过符号"="实现,"="称为赋值运算符或赋值号。在计算机程序中不能把赋值符号"="理解为数学中的"等号"。例如,"a=3"就是"把 3 赋值给 a","sum=a+b"应理解为"把 a+b 的值赋给 sum"。

案例 1 长跑健将

梁小星很喜欢运动,每天都坚持跑步 5 公里,为此他还买了一个手环。观看手环可以统计步数、距离、速度、时间等数据。梁小星想用 Python 写一个统计时间的程序,你可以帮帮他吗?

扫一扫,看视频

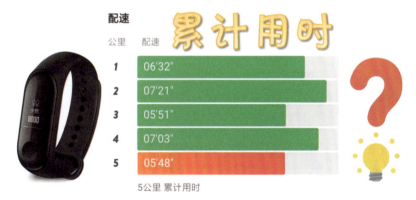

研究室

1. 思路分析

阅读上图可得知,梁小星同学进行 5 公里跑时,每公里用的时间不一样。第 1 公里用时 6 分 32 秒;第 2 公里用时 7 分 21 秒;第 3 公里用时 5 分 51 秒;第 4 公里用时7分3秒；第5公里用时5分48秒。

要想统计5公里总用时，先要将时间单位统一为秒，进行累加，最后再转换成分与秒，输出统计结果。

2. 算法描述

第一步：将第1公里用时6分32秒赋值给sum，赋值sum=6*60+32。
第二步：将第2公里用时7分21秒累加赋值给sum，赋值sum=sum+7*60+21。
第三步：将第3公里用时5分51秒累加赋值给sum，赋值sum=sum+5*60+51。
第四步：将第4公里用时7分3秒累加赋值给sum，赋值sum=sum+7*60+3。
第五步：将第5公里用时5分48秒累加赋值给sum，赋值sum=sum+5*60+48。
第六步：输出累计用时，所用分钟用int(sum/60)表示，所用秒用sum%60表示。

工作坊

1. 编程实现

代码清单3-1-1：长跑健将

```
sum=6*60+32              # 将第1公里用时转成秒，赋值给sum
sum=sum+7*60+21          # 将第2公里用时转成秒，累加赋值给sum
sum=sum+5*60+51          # 将第3公里用时转成秒，累加赋值给sum
sum=sum+7*60+3           # 将第4公里用时转成秒，累加赋值给sum
sum=sum+5*60+48          # 将第5公里用时转成秒，累加赋值给sum
print(int(sum/60),"分",sum%60,"秒")   # 将秒转换为分与秒后输出
```

2. 运行调试

3. 优化程序

为了说明sum每次赋值后的变化，我们对"3-1-1.py"程序进行修改，为每次赋值后添加输出语句，另存为"3-1-1a.py"文件，并执行。

代码清单3-1-1a：累计时间

```
sum=6*60+32                    ①输入
print("用时",int(sum/60),"分",sum%60,"秒")
sum=sum+7*60+21                ②输入
print("用时",int(sum/60),"分",sum%60,"秒")
sum=sum+5*60+51                ③输入
print("用时",int(sum/60),"分",sum%60,"秒")
sum=sum+7*60+3                 ④输入
print("用时",int(sum/60),"分",sum%60,"秒")
sum=sum+5*60+48                ⑤修改
print("用时",int(sum/60),"分",sum%60,"秒")
```

案例 2　整理图书

周末,梁小星在家中整理书柜,原来书柜第 2 层放 11 本爸爸的书,第 1 层放 13 本自己的图书,他想将两层图书交换存放位置,该如何做呢?

借助 Python 编程,输入两个正整数 a=13 和 b=11,交换 a 和 b 的值,即 a 的值等于 11,b 的值等于 13,模拟真实情景,完成程序设计。

扫一扫,看视频

研究室

1. 思路分析

要交换图书,可以将第 1 层的图书先放到最下面的第 3 层中,将第 2 层的书放到第 1 层,最后将第 3 层中的图书放到第 2 层,这是借助第 3 层解决两层图书的互换。

同理,交换两个变量的值,也采用引入第 3 个变量进行交换。

2. 算法描述

第一步：初始赋值输入两个数 a 和 b，其中 a=13，b=11。

第二步：c=a。

第三步：a=b。

第四步：b=c。

第五步：打印输出结果 a 和 b，程序结果。

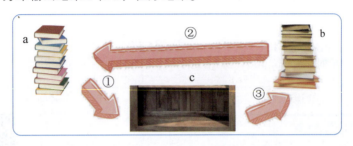

🏛 工作坊

1. 编程实现

代码清单 3-1-1b：整理图书

```
a=int(input("请输入a="))    # 输入 13
b=int(input("请输入b="))    # 输入 11
c=a
a=b
b=c
print("a=%i;b=%i"%(a,b))
```

2. 运行调试

3. 答疑解惑

在使用 Python 编写的该程序代码中，c=a，a=b，b=c，3 个赋值语句的顺序不能写颠倒，如果顺序写错，其程序运行结果就会出错，不能完成两个数的交换。

知识库

1. 赋值符号 =

程序中的 sum=sum+5*60+51，其中赋值符号"="不等于数学中的等于号"="。

"="左侧 sum 是计算后的值，"="右侧 sum 是计算前的值，即将计算前的 sum+5*60+51 赋值给计算后的 sum。

2. 累加器

在生活中我们常常要使用累加操作，如统计 1+2+3+4+5。

第 1 次将 sum+1 的计算结果赋值给 sum，运行后 sum 由 0 变为 1。
第 2 次将 sum+2 的计算结果赋值给 sum，运行后 sum 由 1 变为 3。
第 3 次将 sum+3 的计算结果赋值给 sum，运行后 sum 由 3 变为 6。
第 4 次将 sum+4 的计算结果赋值给 sum，运行后 sum 由 6 变为 10。
第 5 次将 sum+5 的计算结果赋值给 sum，运行后 sum 由 10 变为 15。

应用累加方式结合后续章节所学的循环知识，可以实现多次的累加计算。例如可以利用累加与循环方式，计算 1+2+3+…+10000 的结果。

3. 赋值语句常用方式

赋值语句的方式有序列赋值、链接赋值与列表赋值。

代码清单 3-1-1c：赋值语句常用方式

```
x,y,z = 1,2,3                      # 序列赋值方式，可看作 x=1,y=2,z=3
print(x,y,z)
a,b,c = 1,2,"john"                 # 序列赋值可以将不同类型同时赋值
print(a,b,c)
x = y = 1                          # 链接赋值会将 1 的引用赋值给 x 和 y
print (x,y)
x = x + 1                          # 增量赋值将 x+1 的计算结果赋值给 x
y += 1                             # 增量赋值等同于 y=y+1
print (x,y)
(a,b,c) = ["red","blue","yellow"]  # 列表赋值
print(a,b,c)
```

序列赋值方式：x,y,z = 1,2,3 可看作顺序设置变量的值，等同于 x=1,y=2,z=3。序列赋值方式可以为变量赋予不同类型的值，如：a,b,c = 1,2,"john"，等同于 a=1,b=2,c="john"，前 2 个是赋予数字型，后 1 个是赋予字符型。

链接赋值方式：x = y = 1 表示将 1 的引用赋值给 x 和 y，等同于 x=1,y=1。增量赋值 x = x + 1 表示将 x+1 的计算结果赋值给 x，同理 x = x −1 表示将 x−1 的计算结

果赋值给 x。而 y+=1 也是增量赋值，等同于 y=y+1。

列表赋值方式：(a,b,c) = ["red","blue","yellow"]，表示 a="red", b="blue", c="yellow"。列表赋值在后续章节中还会详细介绍。

创新园

1. 阅读程序写结果 1

代码清单 3-1-1d：每次减同样的数

```
sum=10          # 把 10 赋值给 sum
sum=sum-2       # 把 sum-2 计算结果赋值给 sum
sum=sum-2       # 把 sum-2 计算结果赋值给 sum
sum=sum-2       # 把 sum-2 计算结果赋值给 sum
sum=sum-2       # 把 sum-2 计算结果赋值给 sum
sum=sum-2       # 把 sum-2 计算结果赋值给 sum
print (sum)
```

输出的结果是：_____

2. 阅读程序写结果 2

代码清单 3-1-1e：每次除同样的数

```
rs=64           # 把 64 赋值给 rs
rs=rs/2         # 把 rs/2 计算结果赋值给 rs
rs=rs/2         # 把 rs/2 计算结果赋值给 rs
rs=rs/2         # 把 rs/2 计算结果赋值给 rs
rs=rs/2         # 把 rs/2 计算结果赋值给 rs
rs=rs/2         # 把 rs/2 计算结果赋值给 rs
print (rs)
```

输出的结果是：_____

3. 编写程序

细胞是生物体的重要生命特征，细胞的增殖是以分裂的方式进行。1 个细胞第 1 次分裂为 2 个，第 2 次分裂为 4 个……请编一个程序，计算第 5 次分裂几个细胞。

运行语句	运行过程	运行后 n 的值
n=1;	n←1	1
n=n*2;	n←1*2	2
n=n*2;	n←2*2	4
n=n*2;	n←4*2	8
n=n*2;	n←8*2	16
n=n*2;	n←16*2	32

提示：n=n*2，保存为"3-1-1f.py"文件。

3.1.2 发号施令——赋值运算

发号施令是指发命令，下指示。我们在 Python 中学习了赋值语句，也能发出命令。赋值语句的命令能将一些计算任务交代给计算机，让计算机执行命令。

案例 3　统计人数

假期结束了，方老师问班里的同学们："谁在假期里看过《功夫熊猫》?"有一半学生举起了手。他又问："谁在假期里看过《流浪地球》?"有五分之二的学生举起了手。方老师发现，有 7 位学生两部影片都看过了。

扫一扫，看视频

张小青因假期去爷爷家，两部影片都没看，他还知道，有几个同学也没看过。于是他问方老师："这两部影片都没有看的同学，要不要举手让您数一数呢？"方老师笑笑说："不用了，有多少同学两部影片都没看，我已经知道了。"如果这个班有 50 名学生，你知道有几位同学两部影片都没看吗?

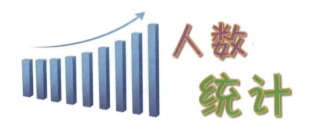

研究室

1. 思路分析

看过《功夫熊猫》电影的有 50×1/2=25 人；看过《流浪地球》电影的有 50×2/5=20 人。其中有 7 人重复计入，所以至少看过其中一部影片的人有 25+20-7=38 人。这样，两部影片都没看过的有 50-38=12 人。

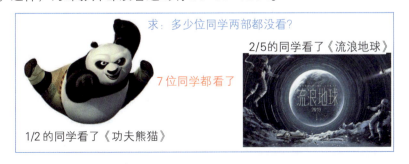

2. 算法描述

第一步：计算看过《功夫熊猫》的同学，a=50/2。
第二步：计算看过《流浪地球》的同学，b=50*2/5。
第三步：计算至少看过一部影片的同学，c=a+b-7。
第四步：计算两部影片都没看过的同学，d=50-c。
第五步：打印输出结果d，程序结果。

🏛 工作坊

1. 编程实现

代码清单3-1-2：统计人数——根据其他条件求结果

```
a=int(50/2)        # 学生人数不能为小数
b=int(50*2/5)      # 学生人数不能为小数
c=a+b-7
d= 50-c
print("未观影的同学人数是",d)
```

2. 运行调试

3. 答疑解惑

在Python中，可以使用赋值语句执行计算，但要考虑数值的类型。例如a=50/2赋值后，a的值为25.0。同理b=50*2/5赋值后，b=20.0，因为a与b都是浮点小数，所以c=a+b-7的值必为小数，值为28.0。最终得出的d=50-c也是小数12.0。因为人数不能是小数，所以用第2章所学知识，让d=int(50-c)，这样d值就是整数，最后打印输出d，即可完成程序。

案例4 温度转换器

梁小星到美国参加游学活动，对天气预报中的气温数值感到非常不习惯，这是因为美国使用的是华氏温度（有一天居然是华氏

100度），而中国使用的是摄氏温度。华氏温度与摄氏温度之间有如下转换关系。

华氏温度（℉）= 摄氏温度（℃）×9÷5+32

摄氏温度（℃）=（华氏温度（℉）–32）×5÷9

为了避免种种不便，梁小星准备编写程序，将华氏温度转换为自己习惯的摄氏温度。

摄氏温度	华氏温度
100	212

华氏温度	摄氏温度
212	100

研究室

1. 思路分析

设华氏温度变量为 f，设摄氏温度变量为 c，分别输入华氏温度与摄氏温度的数值。使用 Python 写赋值运算语句如下。

```
f=c*9/5+32
c=(f-32)*5/9
```

再输出 f、c 的值。

2. 算法描述

第一步：输入摄氏温度的值。

第二步：定义赋值语句 f=c*9/5+32。

第三步：输出华氏温度的值。

第四步：输入华氏温度的值。

第五步：定义赋值语句 c=(f-32)*5/9。

第六步：输出摄氏温度的值。

工作坊

1. 编程实现

代码清单 3-1-2a：温度转换器

```
f=eval(input("请输入华氏温度："))    # 输入 212
c=(f-32)*5/9
print("对应的华氏温度是：",c)

c=eval(input("请输入摄氏温度："))    # 输入 100
f=c*9/5+32
print("对应的华氏温度是：",f)
```

2. 运行调试

知识库

1. 顺序结构

顺序结构是程序设计中最简单，也是最常用的结构。程序按照从上到下的先后顺序依次执行各条语句，一条语句执行完后继续执行下一条语句，直到程序结束。

如左下图是华氏温度转摄氏温度的顺序结构，右下图是摄氏温度转华氏温度的顺序结构。

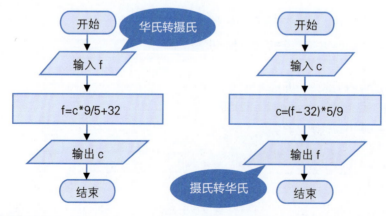

2. 良好的编程习惯

良好的编程习惯是编写高质量程序的前提，初学者需要注意养成以下编程习惯。

规范的格式：同层次的语句左对齐，嵌套关系的语句要缩进对齐。
适当的注释：注释通常用于程序简要说明、程序重要代码或重要提示。
规范的命名：定义标识符(变量名、函数名)时，应当直观形象，最好采用英语单词或汉字拼音组合，做到见名知意。

创新园

1. 阅读程序写结果

代码清单 3-1-2b：求正方体的表面积与体积

```
a=float (input("请输入正方体边长a="))   # 输入边长 2.5
s=a*a*6                                  # 正方体的表面积
v=a*a*a                                  # 正方体的体积
print("正方体的表面积=",s)
print("正方体的体积=",v)
```

输入：2.5　输出的结果是：_____、_____

2. 填写代码完善程序

输入长方体的边长 a、b、h，计算它的表面积 s 和体积 c 并输出。

代码清单 3-1-2c：求长方体的表面积与体积

```
a=float (input("请输入长方体边长a="))   # 输入边长 4.5
b=float (input("请输入长方体边长b="))   # 输入边长 6.2
h=float (input("请输入长方体高h="))     # 输入高 2.8
s=2*(a*b+b*h+a*h)                        # 长方体的表面积
v=_____                         # 长方体的体积
print("长方体的表面积=",s)
print("长方体的体积=",v)
```

空格处代码是：_____

3. 查找错误调试程序

下面这段代码用来求操场面积，其中有两处错误，快来改正吧！

代码清单 3-1-2d：求操场面积

```
a=float (input("请输入操场的长a="))     # 输入边长 4.5
b=float (input("请输入操场的宽b="))     # 输入边长 6.2
a*b=s _____                     ❶
print (操场面积是:,s ) _____    ❷
```

错误 1：_____　错误 2：_____

3.2 字字珠玑——运算符和表达式

"字字珠玑"比喻说话、文章的词句十分优美。写程序就如同写文章一样,熟练掌握运算符和表达式,就能写出好的程序。

3.2.1 各司其职——运算符

Python 中有算术运算符、比较运算符和逻辑运算符等。其中算术运算符有 +、-、*、/、%、**、//;比较运算符有 <、<=、>、>=、==、!=;逻辑运算符有 and、or、not。它们各司其职,有着不同的功能。

案例 5　简便计算器

宣宣想自己设计一个计算程序,只要输入两个整数,就可以将 +、-、*、/、%、**、// 都计算一遍。你可以帮帮她吗?

扫一扫,看视频

研究室

1. 思路分析

先接收两个数值 a、b,分别让 a 与 b 执行 +、-、*、/、%、**、//,并输出运算符运算的结果。

2. 算法描述

第一步:接收键盘输入的两个数 a 和 b。
第二步:打印输出 a+b 的值。
第三步:打印输出 a−b 的值。
第四步:打印输出 a*b 的值。

第五步：打印输出 a/b 的值。
第六步：打印输出 a%b 的值。
第七步：打印输出 a**b 的值。
第八步：打印输出 a//b 的值。

🏛 工作坊

1. 编程实现

代码清单 3-2-1：简便计算器

```
a=int(input("请输入a="))   # 输入 9
b=int(input("请输入b="))   # 输入 4
print("a+b=",a+b)
print("a-b=",a-b)
print("a*b=",a*b)
print("a/b=",a/b)
print("a%b=",a%b)
print("a**b=",a**b)
print("a//b=",a//b)
```

2. 运行调试

3. 答疑解惑

从上面的执行结果可以看出，/ 是除法 a/b=9/4=2.25；% 是取余数 a%b=9%4=1；a//b=9//4=2，// 是除法只取整数；a**b=9**4=6561 是 9 的 4 次方。

+ 与 * 运算符还可以对字符串进行处理，具体操作在后续章节会详细介绍。此处通过学习"军队的口号"案例，对比体验一下 + 与 * 运算符对字符串处理的作用。

代码清单 3-2-1a：军队的口号

案例 6 灯亮不亮

小范学习物理学科的电路知识，开关 k1 与 k2 控制着灯 d1，开关 k3 与 k4 控制着灯 d2。开关 k1、k2、k3、k4 有两种状态，连通与断开。灯 d1、d2 也有两种状态，即亮与不亮。利用程序的逻辑运算符判断灯的状态。

扫一扫，看视频

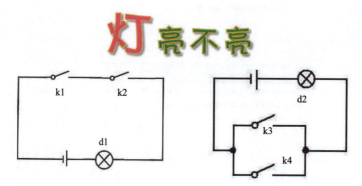

研究室

1. 思路分析

开关 k1、k2、k3、k4 有两种状态，可分别设置为 True 和 False。Python 语言中逻辑运算符有逻辑与、逻辑或、逻辑非 3 种。左图为串联电路，设置灯 d1 亮不亮，取决于 k1 与 k2，用逻辑运算符表示即 k1 and k2。右图为并联电路，设置灯 d2 亮不亮，取决于 k3 与 k4，用逻辑运算符表示即 k3 or k4。

2. 算法描述

通过上面的分析，我们可以试着设计逻辑表达形式运算的方案。

第一步：根据 k1 and k2，设置 True and True，查看结果。
第二步：根据 k1 and k2，设置 True and False，查看结果。
第三步：根据 k1 and k2，设置 False and True，查看结果。
第四步：根据 k1 and k2，设置 False and False，查看结果。
第五步：根据 k3 or k4，设置 True and True，查看结果。
第六步：根据 k3 or k4，设置 True and False，查看结果。
第七步：根据 k3 or k4，设置 False and True，查看结果。
第八步：根据 k3 or k4，设置 False and False，查看结果。
如果结果是 True，就表示灯亮；如果结果是 False，就表示灯不亮。

工作坊

1. 编程实现

代码清单 3-2-1b：灯亮不亮

```
print("k1连通与k2连通，灯1：", True and True)      # 灯亮
print("k1连通与k2断开，灯1：", True and False)     # 灯不亮
print("k1断开与k2连通，灯1：", False and True)     # 灯不亮
print("k1断开与k2连通，灯1：", False and False)    # 灯不亮

print("k3连通或k4连通，灯2：", True or True)       # 灯亮
print("k3连通或k4断开，灯2：", True or False)      # 灯亮
print("k3断开或k4连通，灯2：", False or True)      # 灯亮
print("k3断开或k4断开，灯2：", False or False)     # 灯不亮
```

2. 运行调试

知识库

1. Python 赋值运算符

运算符	描述	实例
+=	加法赋值运算符	c += a 等效于 c = c + a
-=	减法赋值运算符	c -= a 等效于 c = c - a
*=	乘法赋值运算符	c *= a 等效于 c = c * a
/=	除法赋值运算符	c /= a 等效于 c = c / a
%=	取模赋值运算符	c %= a 等效于 c = c % a
**=	幂赋值运算符	c **= a 等效于 c = c ** a
//=	取整除赋值运算符	c //= a 等效于 c = c // a

2. 逻辑关系

运算符	描述	实例
and	与	True and False 为 False True and True 为 True False and True 为 False False and False 为 False
or	或	True or False 为 True True or True 为 True False or True 为 True False or False 为 False
not	非	not False 为 True not True 为 False

创新园

1. 阅读程序写结果 1

代码清单 3-2-1c：算术运算符应用

```
a= 12; b = 5      # 为 a,b 赋初值
n1 =a/b           # 除法运算，结果不是取整
print(n1)
n2 = a % b        # 取余运算
print(n2)
n3 = a**b         # a 的 b 次方
print(n3)
n4 = a//b         # 取 a/b 的整数部分
print(n4)
```

输出的结果是：_____

2. 阅读程序写结果 2

代码清单 3-2-1d：逻辑运算符应用

输出的结果是：_____

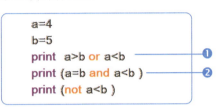

```
print(3>8)
print(3<8)
print(not(3>8))
print(not(3<8))
```

3. 查找错误调试程序

下面这段代码运行时有两处错误，快来改正吧！

代码清单 3-2-1e：求逻辑操作结果

```
a=4
b=5
print  a>b or a<b        ——❶
print (a=b and a<b )     ——❷
print (not a<b )
```

错误修改后的代码是：_____、_____　　输出的值是：_____

3.2.2　意简言赅——表达式

在 Python 中，表达式由数据、变量、运算符、数学函数和括号等组成。在编程中，表达式需要简明扼要地表达具体含义。

✓ if(如果)　　　　　　　✓ is(是)

> **案例 7　分糖果游戏**

在糖果屋中，有 6 位小朋友在玩分糖果游戏。这 6 位小朋友的编号为 1、2、3、4、5、6，他们按自己的编号顺序围坐在一张圆桌旁。他们身上都有不同的糖果，从 1 号小朋友开始，将自己的糖果均分 3 份（如果有多余的糖果，则立即吃掉），自己留 1 份，其余 2 份分给相邻的 2 个小朋友。接着 2 号、3 号、4 号、5 号、6 号同学同样这么做。问一轮后，每个小朋友手上分别有多少糖果。

扫一扫，看视频

 研究室

1. 思路分析

糖果屋中有 6 位小朋友，他们初始时糖果的数目不确定，用 a、b、c、d、e、f 分别存储6位小朋友的糖果数,初始值由键盘输入。

2. 算法描述

第一步:输入6位小朋友的初始糖果数。
第二步:1号小朋友分糖,自己留1份,其余2份分给相邻的2个小朋友。
第三步:2号小朋友分糖,自己留1份,其余2份分给相邻的2个小朋友。
第四步:3号小朋友分糖,自己留1份,其余2份分给相邻的2个小朋友。
第五步:4号小朋友分糖,自己留1份,其余2份分给相邻的2个小朋友。
第六步:5号小朋友分糖,自己留1份,其余2份分给相邻的2个小朋友。
第七步:6号小朋友分糖,自己留1份,其余2份分给相邻的2个小朋友。
第八步:输出结果,完成程序。

工作坊

1. 编程实现

代码清单3-2-2:分糖果游戏

```
a=int(input('a='));b=int(input('b='));    #a=3,b=4
c=int(input('c='));d=int(input('d='));    #c=5,d=6
e=int(input('e='));f=int(input('f='));    #e=7,f=8
a=a//3;b=b+a;f=f+a;
b=b//3;c=c+b;a=a+b;
c=c//3;d=d+c;b=b+c;
d=d//3;e=e+d;c=c+d;
e=e//3;f=f+e;d=d+e;
f=f//3;a=a+f;e=e+f;
print('a=',a,'b=',b,'c=',c)
print('d=',d,'e=',e,'f=',f)
```

2. 运行调试

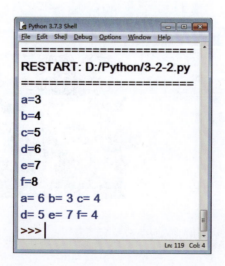

3. 答疑解惑

在每条关键的表达式后面，添加 a、b、c、d、e、f 输出代码，可了解计算机程序执行的过程。

代码清单 3-2-2a：分糖果游戏

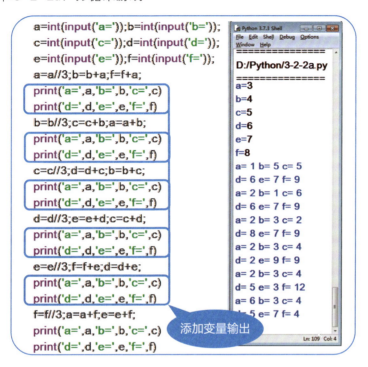

知识库

1. 关系运算符

运算符	基本运算	描述	举例
<	小于	返回 x 是否小于 y	5<3 返回 False 3<5 返回 True 3<5<7 返回 True
>	大于	返回 x 是否大于 y	5>3 返回 True
<=	小于或等于	返回 x 是否小于或等于 y	x=3；y=6;x<=y 返回 True
>=	大于或等于	返回 x 是否大于或等于 y	x=4;y=3;x>=y 返回 True
==	等于	比较两个对象是否相等	x=2;y=2;x==y 返回 True x='str';y='stR';x==y 返回 False x='str';y='str';x==y 返回 True
!=	不等于	比较两个对象是否不相等	x=2;y=3;x!=y 返回 True

2.Python 运算符优先级

运算符	描述
**	指数 (最高优先级)
*、/、%、//	乘、除、取模和取整除
+、-	加法、减法
>>、<<	右移、左移运算符
&	位 'AND'
^、|	位运算符
<=、<、>、>=	比较运算符
<>、==、!=	等于运算符
=、%=、/=、//=、-=、+=、*=、**=	赋值运算符
and、or、not	逻辑运算符

💡 创新园

1. 阅读程序写结果

代码清单 3-2-2b：游刃有余
输出的结果是：_____
_____

```
x = 1
y = 2
if x > y:      print('x > y')         # 大于
if x >= y:     print('x >= y')        # 大于等于
if x < y:      print('x < y')         # 小于
if x <=y:      print('x <= y')        # 小于等于
if x == y:     print('x == y')        # 等于
if x != y:     print('x != y')        # 不等于
if x is y:     print('x is y')        # 是否是同一对象
if x is not y: print('x is not y')    # 是否不是同一对象
```

2. 查找错误调试程序

下面这段代码运行时有两处错误，快来改正吧！

代码清单 3-2-2c：游刃有余

错误修改后的代码是：_____、_____

```
x = a                                                    ❶
y = b                                                    ❷
if x > y:      print('x > y')         # 大于
if x >= y:     print('x >= y')        # 大于等于
if x < y:      print('x < y')         # 小于
if x <=y:      print('x <= y')        # 小于等于
if x == y:     print('x == y')        # 等于
if x != y:     print('x =! y')        # 不等于
if x is y:     print('x is y')        # 是否是同一对象
if x is not y: print('x is not y')    # 是否不是同一对象
```

3.3 进退有度——输入输出语句

一个完整的程序，一般具备数据输入、运算处理、数据输出 3 个要素。Python 语言常用 input() 函数输入数据，用 print() 函数输出数据。掌握这两个函数，编写起程序就真的可以进退有度了。

3.3.1 予取予求——数据输入

Python 提供的 input() 函数用法比较简单,前面章节中我们已学习过很多次。但要记住的是,通过 input() 输入的数据类型是字符串。

案例 8 求圆环的面积

小范需编写程序:输入外圆直径 r1 与内圆直径 r2,求圆环的面积,来验证近期所做的求圆环面积的数学练习题。你可以帮助他吗?

扫一扫,看视频

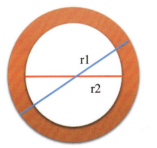

研究室

1. 思路分析

圆的面积公式是:圆周率 × 半径 × 半径。根据题目要求,输入的是外圆与内圆的直径,所以先要求半径,即直径 ÷2,再根据圆的面积公式,分别求出外圆面积与内圆面积。圆环面积公式是:外圆面积 − 内圆面积。

2. 算法描述

本程序是典型的顺序结构,先接收输入的直径,再求半径与面积,最后求圆环面积,具体描述如下。

第一步:输入外圆与内圆的直径。
第二步:求外圆的半径。
第三步:求外圆的面积。
第四步:求内圆的半径。
第五步:求内圆的面积。
第六步:求圆环的面积。
第七步:输出圆环面积,程序结束。

🏛 工作坊

1. 编程实现

代码清单 3-3-1：求圆环的面积

```
r1=input("输入外圆的直径：")      # 输入外圆直径 8
r2=input("输入内圆的直径：")      # 输入内圆直径 6
r1=eval(r1)/2                    # 求外圆半径
r2=eval(r2)/2                    # 求内圆半径
s1=r1*r1*3.14                    # 求外圆面积
s2=r2*r2*3.14                    # 求内圆面积
print("外圆的面积=",s1)
print("内圆的面积=",s2)
s3=s1-s2                         # 求圆环面积
print("圆环的面积=",s3)
```

2. 运行调试

3. 答疑解惑

在 Python 中，使用 input() 接收键盘输入的字符串型数值，如果要进行算术运算，就需要进行类型转换。使用 int() 是转为整数型，使用 float() 是转为浮点型，eval() 函数也同它们一样，也是一个常用函数，是用来执行一个字符串表达式，并返回表达式的值。例如，eval('2 + 2') 的返回值为 4，eval('3*2') 的返回值为 6。

案例 9　距节日还有多少天

input() 函数虽然只能接收字符串，但也可以设计程序让其接收日期。小芳就设计出了这样的程序。

她所设计的程序为：只要输入任意节日的年、月、日，就可以让计算机说出从今天算起，离这个日期还有多少天。例如，今天是

扫一扫，看视频

2019 年 5 月 1 日，输入的日期是 2019 年 10 月 1 日，程序会告诉你距这个节日还有 152 天。这种有趣的小程序，你可以设计吗？

研究室

1. 思路分析

Input() 函数在 Python 中是不能接收日期型的，但我们可以分次输入年、月、日，借助导入时间模块 datetime，利用获取当天日期 datetime.date.today() 语句，求出今天的日期。再利用将数字转换为日期 datetime.date(y,m,d) 语句，将输入的年、月、日转换成日期，最后两者相减，即可求出相差的天数。

2. 算法描述

第一步：导入时间模块 datetime。
第二步：获取当天日期 datetime.date.today()。
第三步：输入年、月、日。
第四步：datetime.date(y,m,d) 语句将输入的年、月、日转换成日期。
第五步：计算两个日期之差。
第六步：输出相距的日期，结束程序。

工作坊

1. 编程实现

代码清单 3-3-1a：距节日还有多少天

```python
import datetime                    # 导入时间模块
d1=datetime.date.today()           # 获取当天的日期
y=int(input("年："))
m=int(input("月："))
d=int(input("日："))
d2=datetime.date(y,m,d)            # 将数字转换为日期
n=(d2-d1).days                     # 日期相减，得到天数
print(n,"天")
```

2. 运行调试

3. 答疑解惑

Python 中提供了多个用于对日期和时间进行操作的模块，如 time 模块与 datetime 模块。datetime 模块能输出"年月日""月日年"等不同的日期格式，还能提取当前日期与时间，其代码为 print(datetime.datetime.now())。

知识库

1. input() 语句

input() 是输入语句，其返回的数据类型是字符串型。若我们需要接收输入内容为数字型时，需设置 int(input())。例如，a=int(input())，b=int(input())，就可以对 a、b 这两个变量进行数学运算。

2. 将 raw_input() 改为 input() 语句

在 Python 3.x 中 raw_input() 和 input() 进行了整合，去除了 raw_input()，仅保留了 input() 函数，其接收任意输入，将所有输入默认为字符串处理，并返回字符串类型。

如果看到老版本的 Python 编写的程序中出现了 raw_input() 语句，这时在 Python3.x 版本中运行时会报错。此时需要将 raw_input() 改为 input()，才可以正常使用。

创新园

1. 阅读程序写结果

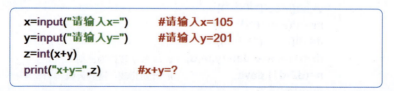

输入：105、201   输出的结果是：_____

2. 完善程序

从键盘输入 105 与 201，完善程序，输出 105+201=306 的正确结果。

```
x=input("请输入x=")        #请输入x=105
y=input("请输入y=")        #请输入y=201
x=_____
y=_____
z=x+y
print("x+y=",z)            #x+y=306
```

空格代码是：_____、_____

输入：105、201   输出的值是：_____

3. 编写程序

输入一个字符 a、一个整数 108、一个小数 3.14，然后按顺序输出对应的输入值。

3.3.2 千变万化——数据输出

在 Python 中 print() 方法因为支持格式化输出，所以用法相对于 input() 就要复杂多了。print() 的一般调用格式如下。

例如：print(name)   # 直接打印出 name 变量的值
　　　print(" 您的姓名：%s"%name)   # 格式化输出一个变量

说明：() 中的内容是要输出的数据，% 为标记转换说明符，其后的 s 表示将对应的变量 name 转换为字符串变量。

如果要格式化输出多个变量，可将这些变量用逗号分隔后，再用小括号括起来，放在 % 之后。例如，print(" 姓名：%s 年龄：%i" %(name,age))，这条语句要想正确运行，必须具备两个条件。一是确实存在 name 和 age 这两个变量，并且都已经赋值；二是这两个变量的类型必须跟前面的格式化标识一致，即 name 须为字符串，age 须为 int 型整数。

案例 10　农夫的难题

一位农夫带着一条狼、一头山羊和一篮蔬菜过河，但只有一条小船，并且每次只能让农夫带一样东西过河。农夫在场的情况下一切相安无事，一旦农夫不在，狼会吃羊，羊会吃蔬菜。你能帮助农

扫一扫，看视频

夫解决过河的难题吗？

 研究室

1. 思路分析

这个难题的关键点是狼可以与蔬菜共存，抓住这个关键点，农夫的难题就迎刃而解了。第 1 次农夫只能带山羊过河，农夫返回；但第 2 次不管是带狼还是带蔬菜过河，农夫独自返回的话，都会出现问题。但只要想到狼与蔬菜能够共存，如果农夫带山羊返回，问题就能解决。

用计算机编程表述的思路是使用 1000、100、10、1 分别表示农夫、狼、羊与蔬菜。a=1111 表示开始准备过河，b=0 表示过河后的初始值。

例如，a=1111−10 表示农夫带羊过河，此时羊已过河 b=0+10=10；

当 a =0000、b=1111 时，表明全部完成过河。

2. 算法描述

本程序就是利用顺序结构结合 print() 输出所编写的程序，描述如下。

第一步：准备过河 a=1000+100+10+1，b=0。

第二步：第 1 次农夫带羊过河，且农夫返回 a=a−10，b=b+10。

第三步：第 2 次农夫带狼过河，且农夫带羊返回 a=a−100+10，b=b+100−10。

第四步：第 3 次农夫带蔬菜过河，且农夫返回 a=a−1，b=b+1。

第五步：第 4 次农夫带羊过河，完成任务 a=a−10−1000，b=b+10+1000。

第六步：输出结果，完成程序。

工作坊

1. 编程实现

代码清单 3-3-2：农夫的难题

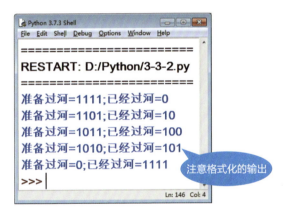

```
a=1000+100+10+1         # 准备过河
b=0
print("准备过河=%i;已经过河=%i" %(a,b))
a=a-10                  # 带羊过河
b=b+10
print("准备过河=%i;已经过河=%i" %(a,b))
a=a-100                 # 带狼过河
b=b+100
b=b-10
a=a+10
print("准备过河=%i;已经过河=%i" %(a,b))
a=a-1                   # 带白菜过河
b=b+1
print("准备过河=%i;已经过河=%i" %(a,b))
a=a-10-1000             # 带羊过河，人也过河
b=b+10+1000
print("准备过河=%i;已经过河=%i" %(a,b))
```

2. 运行调试

```
========================
RESTART: D:/Python/3-3-2.py
========================
准备过河=1111;已经过河=0
准备过河=1101;已经过河=10
准备过河=1011;已经过河=100
准备过河=1010;已经过河=101
准备过河=0;已经过河=1111
>>>
```

注意格式化的输出

知识库

1. print 函数的内部参数

print 函数是输出函数，格式控制符作用如下表所示。

格式符	案例语句	运行结果
end=''	print('hello', end=' ');print('Python')	hello Python
%s	print('Age: %s. Gender: %s' % (25, True))	Age: 25. Gender: True
%d	print('%02d-%02d' % (3, 1))	03-01
%f	print('%.2f' % 3.1415926)	3.14

79

2. 格式化运算符辅助指令

对齐方式	案例语句	运行结果
右对齐	print('{0:*>10}'.format(20))	********20
左对齐	print('{0:*<10}'.format(20))	20********
居中对齐	print('{0:*^10}'.format(20))	****20****

创新园

1. 阅读程序写结果

代码清单 3-3-2a：逻辑运算符应用

```
print()
print(123,'abc',45,'book')
print(123,'abc', 45, 'book', sep='#')
print('hello',end=' ' );
print('Python')
```

输出的结果是：_____

2. 完善程序

班级举办"讲故事"比赛，3 位评委为每个选手打分，每位评委的打分范围是 0 到 100 之间的一个数。最后需要计算 3 个评委的平均分，且要求保留两位小数作为选手的最终分。

代码清单 3-3-2b：求逻辑操作结果

```
a=float(input("请输入第一位评委的分数："))
b=float(input("请输入第二位评委的分数："))
c=float(input("请输入第三位评委的分数："))
pjcj=_____
print("该同学的最终成绩：_____" %pjcj)
```

空格代码是：_____、_____

3. 编写程序

方舟学校的演讲比赛中，5 名评委给一位参赛者打分，5 个人打分的平均分为 92.5 分；如果去掉一个最高分，这名参赛者的平均分为 92 分；如果去掉一个最低分，这名参赛者的平均分为 94 分；如果去掉一个最高分和一个最低分，这名参赛者的平均分是多少？

提示：pjf1=(92.5*5-max)/4=92，即 max=92.5*5-92*4

pjf2=(92.5*5-min)/4=94，即 min=92.5*5-94*4

pjf3=(92.5*5-max-min)/3

第 4 章

选择结构左右分

生活中处处面临选择,当出门时,会根据天气是否有雨,而决定是否带上雨伞;当自己走进超市,面对琳琅满目的商品时,会根据自己的需求,选择想要的商品;当我们走到红绿灯路口,需要过马路时,总会依据红绿灯的信号,选择停下来等会儿,还是立即过马路等。

生活中需要我们根据不同的情况,做出不同的选择。在编程中,常需要根据条件选择不同的语句。Python 的选择结构有单分支选择结构、双分支选择结构和多分支选择结构。

学习内容

- 单分支 if 选择结构
- 双分支 if…else 选择结构
- 多分支 if…elif…else 选择结构

4.1 去伪存真——单分支 if 语句

只要条件成立就去执行内容。例如，天下雨了，出门就要带雨伞；花儿蔫了，就要给花浇水；上课铃响了，就要去教室了。这些都是只要符合条件就要去做的事，编程时需要用单分支 if 语句。

4.1.1 淘沙取金——if 语句

在 Python 语言编程中，if 语句需要设置条件，以便对符合条件的语句进行操作。这就如同沙中淘金一样，不去管沙子，我们只选择所需要的黄金。

　　✓ true(真的)　　　　　　✓ false(假的)

if 语句是典型的单分支选择结构，只在条件成立，即条件表达式的值为真时，执行语句1；条件不成立时，则忽略这个操作。

格式 1：if(条件表达式)
　　　　语句 1；
功能：当条件成立即表达式值为真时，执行"语句 1"，否则执行 if 语句的下一个语句。

if 语句的执行过程：如果条件表达式的值为真，即条件成立，语句 1 将被执行。否则，语句 1 将不被执行，执行 if 选择结构后面的语句。

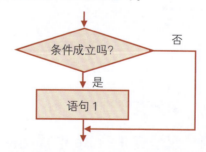

案例 1　比较两个数的大小

宣宣想通过 Python 编程输入任意两个数，让计算机判断两个数的大小，并输出两个数比较的结果。如果 a>b，则输出 "a>b"。

扫一扫，看视频

第 4 章　选择结构左右分

🧠 研究室

1. 思路分析

接收键盘输入的两个数字,并将输入转换为整型数值,赋值给a、b,如果a>b,则输出"a>b"。

2. 算法描述

输入a、b的值,判断a是否大于b,如果a>b,则输出"a>b"。

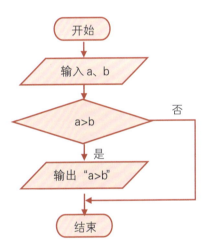

🏛 工作坊

1. 编程实现

代码清单4-1-1:比较两个数的大小

```
a=input("请输入第一个数：")    # 输入 5
a=int(a)
b=input("请输入第二个数：")    # 输入 3
b=int(b)
if a>b:                         # if 条件语句
    print ("a>b")
```

2. 运行调试

第1次运行程序,输入a为5,b为3。执行后输出"a>b"。

第2次运行程序,输入a为3,b为5。执行后无输出。

83

4.1.2 挑挑拣拣——if 语句组合

if 单分支结构只在条件成立时执行对应的语句，不符合条件的语句不执行。在对多个不同条件进行处理时，可以进行追加 if 语句来实现。例如，判断 a 与 b 大小就有 3 种情况，通过多个 if 判断语句组合实现挑挑拣拣的功能。

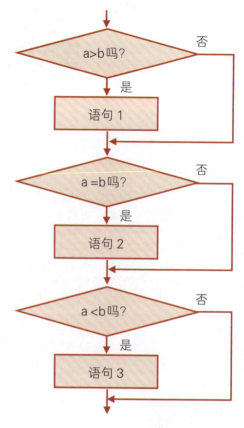

案例 2　判断闰年

宣宣同学 4 年才能过一次生日，这是因为只有闰年才会有 2 月 29 日这一天。你可以编写一个程序，让计算机判断输入的年份是否是闰年，若是闰年宣宣即可过生日。

扫一扫，看视频

1. 思路分析

通常一年有 365 日，但经科学家计算一年并不是整数，而是小数，一年大约等于 365.24220 日，为此设定闰年来解决。判断闰年的口诀是：四年一闰，百年不闰，四百年再闰。

（1）四年一闰：因小数会累积 0.24220×4=0.9688 日，大约等于一日，所以便逢四

年增加一日，即闰年的 2 月会有 29 号，加的这一日以抵消这 0.9688 日。

(2) 百年不闰：因每四年会少 0.0312 日，积少成多，过了一百年，就会累加相差约 0.78 天，所以一百年中要减去一日。

(3) 四百年再闰：每百年的时间都会少了 0.22 天，到了四百年时，差了大约 0.9 天了，所以四百年要加上一日。

闰年的判断公式：①年份能被 4 整除而不能被 100 整除；②年份能被 400 整除。

2. 算法描述

第一步：输入年份。

第二步：判断是闰年，if (year % 4 == 0 and year % 100 != 0 or year % 400 == 0)：

如是闰年就输出。

第三步：判断不是闰年，not (year % 4 == 0 and year % 100 != 0 or year % 400 == 0)：

如不是闰年就输出。

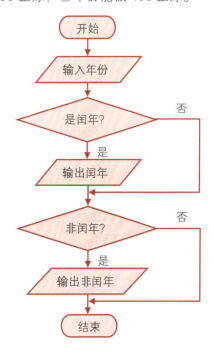

工作坊

1. 编程实现

代码清单 4-1-2：判断闰年

```
year=int(input("请输入任意一年："))
if ( year % 4 == 0 and year % 100 != 0 or year % 400 == 0):
    print(year,'年是闰年！')
if not ( year % 4 == 0 and year % 100 != 0 or year % 400 == 0):
    print(year,'年不是闰年！')
```

2. 修改程序

第 1 次运行程序，输入 2000，查看结果。

第 2 次运行程序，输入 2019，查看结果。

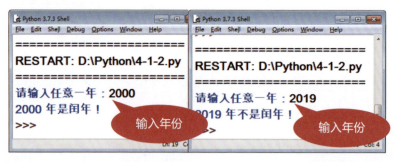

3. 答疑解惑

程序中的 or、and、not 是逻辑运算符，==、!= 是关系运算符，在编程时通常作为条件表达式的运算符。例如，判断不是闰年的代码还可以修改如下。

代码清单 4-1-2a：判断闰年

```
year=int(input("请输入任意一年："))
if ( year % 4 == 0 and year % 100 != 0 or year % 400 == 0):
    print(year,'年是闰年！')
if not (( year % 4 != 0 or year % 100 == 0 ) and year % 400 !=0):
    print(year,'年不是闰年！')
```
（修改）

知识库

1. 关系表达式应用

关系表达式是指用关系运算符将多个表达式连接起来。例如，a>b、(a+b)>(c-d)、(a=3)<=(b=5)、'a'>='b'、(a>b)==(b>c) 等。

关系表达式的值只有两个，要么是 True，要么是 False。

2. 逻辑表达式应用

以 5 与 3 的比较为例，逻辑表达式应用如下所示。

运算符	逻辑表达式	运算结果	说明
and	5 < 3 and 5 == 5	False	只有两边都为 True，结果才为 True
or	5 < 3 or 5 == 5	True	只有两边都为 False，结果才为 False
not	not 5 < 3	True	取反，即 not True 为 False, not False 为 True

在没有()的情况下，not 优先级高于 and，and 优先级高于 or，既优先级关系为()>not>and>or，同一优先级从左往右计算。

创新园

1. 阅读程序写结果

代码清单 4-1-2b：判断输入的数是否是偶数

输入：26　输出的结果是：_____

```
a=input("请输入一个数a：")
a=int(a)
if a%2==0:
    print(a,'是偶数')
```

2. 查找错误调试程序

代码清单 4-1-2c：比较两个数的大小

错误修改后的代码是：_____、_____、_____

```
a=input("请输入第一个数a：")
a=int(a)
b=input("请输入第二个数b：")
b=int(b)                              ❶
if a <b
    c=b
    a=b                               ❷
    a=c
print('最大的数是',b)                   ❸
```

3. 编写程序

输入性别，如果是"男"，显示"请参与周五下午植树活动！"；如果是"女"，显示"请参与周五下午文娱活动！"

提示：if xb==" 男 "： print(" 请参与周五下午植树活动！ ")

　　　if xb==" 女 "： print(" 请参与周五下午文娱活动！ ")

4.2　一分为二——双分支 if…else 语句

在古代战争中，遇到一个岔路口时，会兵分两路出击。在日常的学习生活中，我们也常常会遇到"向左或向右"的选择情况。这种根据一个条件的两种可能，反馈两种处理结果，我们称为双分支选择。

4.2.1　分道扬镳—— if…else 语句

分道扬镳的意思是各走各的路或各干各的事。if…else 双分支条件判断语句就如同分道扬镳一样，对某一条件的两种不同结果分别处理。

　　　　✓ if(如果)　　　　　　　✓ else(否则)

if…else 双分支条件判断语句，要分别对同一个条件的两种可能进行判断。if…else 语句是根据条件表达式的结果，若结果为真，执行"语句1"；若结果假，执行"语句2"。执行完以后，整个 if…else 就算执行完了。

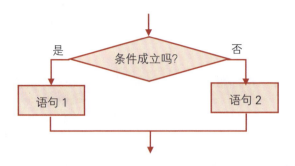

格式 1：if(条件表达式)
　　　　语句 1；
　　　else
　　　　语句 2；
功能：当条件成立即表达式值为真时，执行"语句 1"，否则（条件不成立）执行 else 后面的"语句 2"。

案例 3　判断奇数与偶数

宣宣班上的小朋友玩一个报数分组的游戏，报数时是奇数的小朋友在一组，是偶数的小朋友在一组。报数时只有这两种情况，你能用计算机编程序实现这个功能吗？

扫一扫，看视频

研究室

1. 思路分析

能被 2 整除的数是偶数，不能被 2 整除的数是奇数。输入任意一个正整数 num，让计算机判断 num%2==0，如果能整除，即是偶数，否则就是奇数。

2. 算法描述

第一步：输入任意一个整数，赋值给 num。

第二步：判断 num%2==0 的值，如果条件结果是真，就输出"偶数"，否则就输出"奇数"。

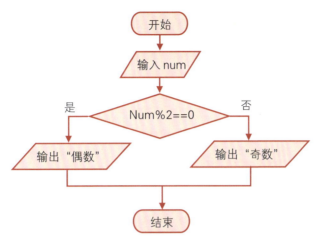

🏛 工作坊

1. 编程实现

代码清单 4-2-1：判断奇数与偶数

```
num = int(input("输入一个数字: "))
if (num % 2) == 0:      #是否能被2整除
    print(num,"是偶数")
else:
    print(num,"是奇数")
```

2. 运行调试

第 1 次运行程序，输入 47，查看程序结果。

第 2 次运行程序，输入 122，查看程序结果。

3. 修改程序

使用 if…else 双分支条件判断语句时，条件设置不同，对应的执行语句也不同。

代码清单 4-2-1a：判断奇数与偶数（更改条件表达式）

89

```
num = int(input("输入一个数字: "))
if (num % 2) != 0:          #是否能被2整除
    print("{0} 是奇数".format(num))
else:
    print("{0} 是偶数".format(num))
```

（修改：`if (num % 2) != 0:`）

4.2.2 何去何从——if…else 条件语句嵌套

if…else 条件语句的"嵌套"是指在一个 if…else 语句中再嵌套另外一个 if…else 语句。通过 if…else 条件语句嵌套可以对多种情况进行选择判断。

案例 4 判断函数的值

方舟学校的小芳同学在学习数学的过程中遇到了函数方面的问题。例如，已知 x 的 3 种取值范围，要判断 y 的值。函数表达式如下所示。

扫一扫，看视频

$$y = \begin{cases} -1 & (x<0) \\ 0 & (x=0) \\ 1 & (x>0) \end{cases}$$

编程要求：编写程序，输入任意一个 x 值，即可输出相应的 y 值。

研究室

1. 思路分析

用 if 语句检查 x 的值，根据 x 的值决定赋予 y 的值。由于 y 的可能值不是 2 个而是 3 个，因此不可能只用一个简单的 if 条件语句来实现。从思路上有两种方法：一是先后用 3 个独立的 if 语句处理，二是用 1 个嵌套的 if 语句处理。

2. 算法描述

(1) 先后用 3 个独立的 if 语句处理。

第一步：输入 x。

第二步：若 x<0，则 y= -1。

第三步：若 x=0，则 y= 0。

第四步：若 x>0，则 y= 1。

(2) 用 1 个嵌套的 if 语句处理。

第一步：输入 x。

第二步：若 x>=0，再判断 x==0，则 y=0，否则 (x>0)y=1；否则 (x<0)y=-1。

从以下两种算法对应的流程图中可以看出：使用 if…else 条件语句组合嵌套比 if 条件语句组合要简洁很多。

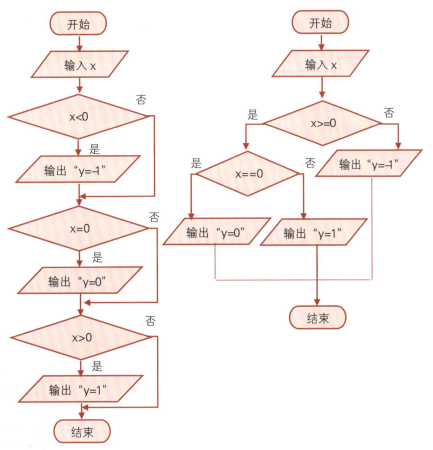

🏛 工作坊

1. 编程实现

代码清单 4-2-2：判断函数的值

```
x=input("请输入x=")
x=int(x)
if x>0:    print ("算法一：y=1")     # 方式一的算法
if x==0:   print ("算法一：y=0")
if x<0:    print ("算法一：y=-1")

if x>=0:                              # 方式二的算法
  if  x==0:
    print ("算法二：y=0")
  else:
    print ("算法二：y=1")
else:
  print ("算法二：y=-1")
```

2. 运行调试

第 1 次运行程序，输入 0，查看程序执行结果。
第 2 次运行程序，输入 –8，查看程序执行结果。
第 3 次运行程序，输入 12，查看程序执行结果。

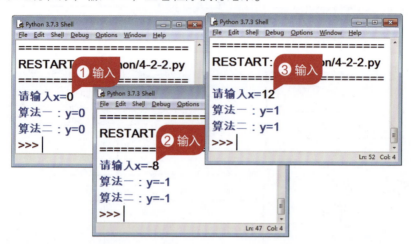

3. 答疑解惑

通过对比我们可以看出，上述两种编写方式的最终执行结果是一样。条条大路通罗马，但也要考虑编写代码的简洁性。

案例 5　出租车计费

某城市出租车计费 3 公里以内 6 元，超过 3 公里不足 10 公里的按每公里 1.8 元收费，超过 10 公里之后，除按每公里 1.8 元收费外，超过部分需再加 50%。此外停车等候每 3 分钟收 1 元，下车前会计算出打车的费用。你可以使用 Python 编写这样的程序吗？

扫一扫，看视频

研究室

1. 思路分析

打车计价方案：3 公里以内起步是 6 元，超过 3 公里之后按 1.8 元 / 公里计价；超过 10 公里之后在 1.8 元 / 公里的基础上加价 50%。此外，停车等候则按时间计费；每 3 分钟加收 1 元。

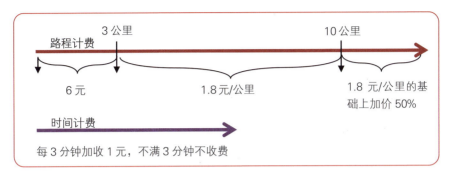

2. 算法描述

第一步：输入路程 lc 与时间 sj。
第二步：判断路程，根据不同路程计算费用。
第三步：判断时间，根据时长计算费用。
第四步：统计总费用：路程费用 + 时长费用。
第五步：输出费用，程序结束。

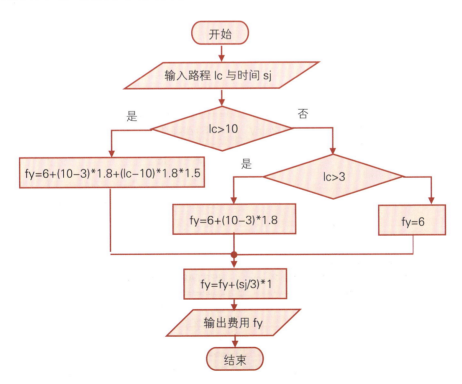

工作坊

1. 编程实现

代码清单 4-2-2a：出租车计费

```python
lc=int(input("输入路程："))
sj=int(input("输入等待时间："))
if lc>=10:
    fy=6+(10-3)*1.8+(lc-10)*1.8*1.5    # 行程大于 10 公里的收费
else:
    if lc>3:
        fy=6+(lc-3)*1.8                # 行程 3~10 公里之间的收费
    else:
        fy=6                           # 行程 3 公里以内的收费
fy=fy+(sj/3)*1                         # 行程收费与等待时间的收费之和
print ("车费是：",'%10.2f' % fy)
```

2. 运行调试

第 1 次运行程序，输入路程 6，时间 0，查看程序执行结果。
第 2 次运行程序，输入路程 6，时间 2，查看程序执行结果。
第 3 次运行程序，输入路程 15，时间 0，查看程序执行结果。
第 4 次运行程序，输入路程 15，时间 7，查看程序执行结果。

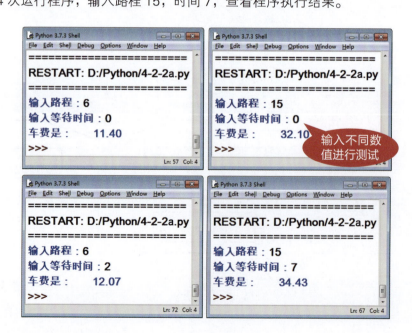

知识库

1. if…else 条件语句嵌套方式一

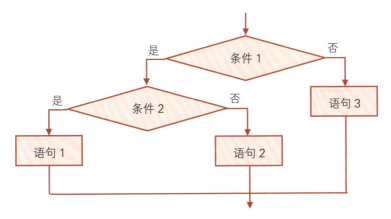

对应的语句格式如下。

2. if…else 条件语句嵌套方式二

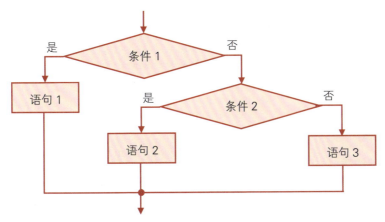

对应的语句格式如下。

```
if <条件1>:
    语句1
else:
    if <条件2>:
        语句2
    else:
        语句3
```

3. if…else 条件语句嵌套方式三

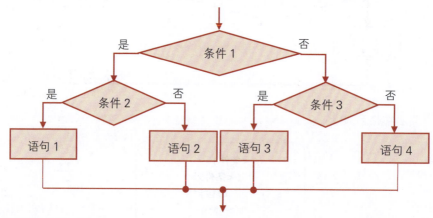

对应的语句格式如下。

```
if <条件1>:
    if <条件2>:
        语句1
    else:
        语句2
else:
    if <条件3>:
        语句3
    else:
        语句4
```

💡 创新园

1. 阅读程序写结果

代码清单 4-2-2b：判断是否能自立
输入：15   输出的结果是：_____

```
age=input("输入你的年龄：")
age=int(age)
if age>18:
    print ("你已年满18岁，要自立更生了！")
else:
    print ("你还是孩子，要认真读书啊！")
```

2. 完善程序

动态口令为两个数的公倍数,如输入密码是 5 与 3 这两个数的公倍数 15,密码就正确。

代码清单 4-2-2c:动态口令

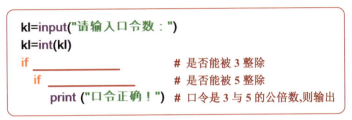

空格代码是:_____、_____

3. 编写程序

输入正数时显示 yes,输入负数时显示 no,输入 0 时显示 0。

4.3 分门别类——多分支 if…elif…else 语句

在 Python 语言中,把一些事物按照某种条件分门别类地归类,可以借助 if…elif…else 多分支语句实现这种分类处理功能。

4.3.1 分兵把守—— if…elif…else 语句

if…elif…else 语句是根据条件 1 的结果,选择"语句 1"执行,不符合条件时再根据条件 2,选择"语句 2"执行,不符合再执行"语句 3"。

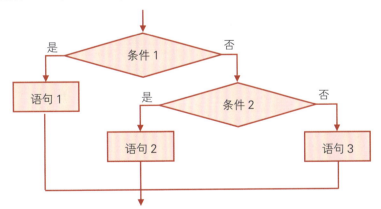

if…elif…else 语句还可以对多个条件进行判断,只需在 if 和 else 之间增加 elif,用法与 if 是一致的,而且条件判断是依次进行的,首先看条件 1 是否成立,如果成立那么就运行下面的代码;如果不成立就按顺序看下面的条件是否成立……最后如果都

不成立，则运行 else 对应的语句。

if…elif…else 语句的基本用法如下。

```
if 条件 1:
    语句块 1
elif 条件 2:
    语句块 2
elif 条件 3:
    语句块 4
…
else:
    语句块 n
```

案例 6　成绩折算等级

扫一扫，看视频

方舟学校进行体能考核测试，输入测试成绩，让计算机判断等级。如果成绩在 85 分（含 85 分）以上，输出"优秀"；成绩在 60 分（含 60 分）至 85 分之间，输出"合格"；否则输出"不合格"。

研究室

1. 思路分析

接收键盘输入的变量 cj，将输入的字符转换为数值型，赋值给 cj。当 cj>=85 时输出"优秀"；否则，对 cj>=60 进行条件判断，符合条件输出"合格"，不符合输出"不合格"。

2. 算法描述

第一步：输入 cj 的值。

第二步：判断 cj 的值，给出相应等级的结果。

第 4 章 选择结构左右分

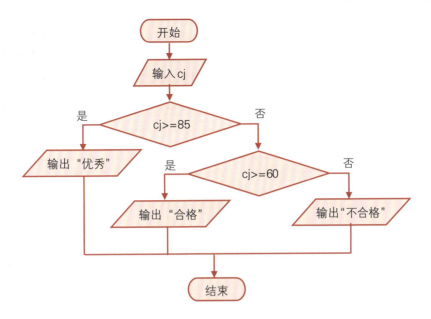

🏛 工作坊

1. 编程实现

代码清单 4-3-1：成绩折算等级

```
cj=input("输入你的成绩：")
cj=int(cj)
if cj>=85:
    print ("成绩优秀")
elif cj>=60:
    print ("成绩合格")
else:
    print ("成绩不合格")
```

2. 运行调试

第 1 次运行程序，输入 86，查看运行结果。

第 2 次运行程序，输入 65，查看运行结果。

案例7　智能胖瘦分析

扫一扫，看视频

同学们可能在街头测过体重、身高，测量后，除了告诉你具体数值外，还会给出"你太胖了""你的体型很标准"等智能胖瘦分析。

体质指数BMI是目前国际上的常用标准，用于衡量人体胖瘦程度以及是否健康，它的计算方式如下。

$$体质指数(BMI) = 体重(kg) \div 身高(m)的平方$$

智能体态BMI分析程序就是输入体重、身高，然后可以对体态情况进行分析，并给出结论。你能编写出这种程序吗？

1. 思路分析

首先要接收输入的身高与体重数据，再根据公式求出BMI值。对BMI值进行条件判断，因为有5个类别，所以使用上一节的if…else语句很难解决多分支问题。而运用if…elif…elif…else语句表达多分支问题就很简便。

如果一个成年人的体重是48.5kg，身高为1.68m，那么BMI值如下。

$$BMI = 48.5 \div (1.68 \times 1.68) = 17.18$$

此时再对照下表，即可判断是偏瘦。

体质说明	BMI
偏瘦	BMI<18.5
正常	18.5<=BMI<25
偏胖	25<=BMI<30
肥胖	30<=BMI<35
极重度肥胖	BMI>=35

2. 算法描述

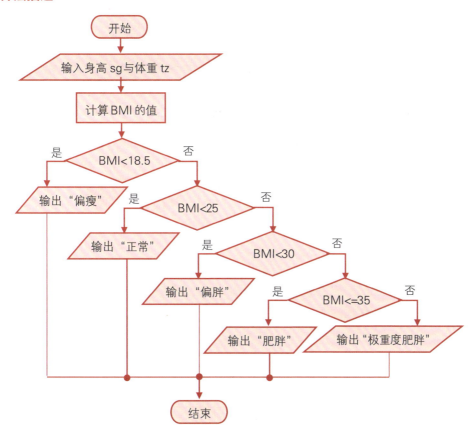

🏛 工作坊

1. 编程实现

代码清单 4-3-1a：智能体态胖瘦分析

```
sg=float(input("输入身高（单位：m）："))
tz=float(input("输入体重(单位：Kg)："))
bmi=tz/(sg*sg)
if bmi<18.5:
    print ("偏瘦")
elif bmi<25:
    print ("正常")
elif bmi<30:
    print ("偏胖")
elif bmi<35:
    print ("肥胖")
else:
    print ("极重度肥胖")
```

2. 运行调试

第 1 次运行程序，输入身高 1.73，体重 78.5，查看输出结果。

第 2 次运行程序，输入身高 1.68，体重 48.5，查看输出结果。

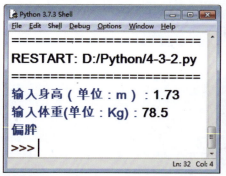

3. 答疑解惑

在 Python 中输入数据要按照真实数据录入。如果输入的身高与体重数据超出正常人的数据范围，就会给出不正确的判断。例如，输入了负数，或是体重与身高不真实，都会导致程序判断结果不正确。

知识库

1. 逻辑运算的规则

Python 语言中用 1 代表真，0 代表假，3 种逻辑运算的结果如下表所示。

a 的值	b 的值	not a	not b	a and b	a or b
1	1	0	0	1	1
1	0	0	1	0	1
0	1	1	0	0	1
0	0	1	1	0	0

2. 逻辑运算符的优先次序

(1) 逻辑非的优先级最高，逻辑与次之，逻辑或最低，即 !(非)> &&(与)> ||(或)。

(2) 与其他种类运算符的优先关系：! > 算术运算 > 关系运算 > &&> || > 赋值运算。

创新园

1. 阅读程序写结果

代码清单 4-3-1b：成绩等级判断

```
cj=input("输入你的成绩：")
cj=int(cj)
if cj<60:
    print ("成绩不合格")
elif c<70:
    print ("成绩合格")
elif cj<80:
    print ("成绩良好")
else:
    print ("成绩优秀")
```

第 1 次输入：65　　　　第 2 次输入：85
第 1 次输出：_____　第 2 次输出：_____

2. 查找错误调试程序

一般情况下，我们上学的年龄与学段对应下表。

年龄	age>=18	18>age>=15	15>age>=12	12>age>=6	6>age>=3	age<3
学段	上大学	上高中	上初中	上小学	上幼儿园	没上学

下面代码中有两处错误，请修改。
代码清单 4-3-1c：根据年龄判断学段
错误 1：_____　错误 2：_____

```
age=input("输入你的年龄：")         ❶
age=float(age)
if age>=18:
    print ("你上大学了")
else age>=15:                      ❷
    print ("你上高中了")
elif age<12:
    print ("你上初中了")
elif age<6:
    print ("你上小学了")
elif age>=3:
    print ("你上幼儿园了")
else:
    print ("你还没有上学")
```

3. 编写程序

穿衣判断：输入天气温度 t 的值，判断穿什么衣服。

温度	–10 度 <=t<5 度	5 度 <=t<18 度	t>=18 度
穿衣	冬装	春秋装	夏装

4.3.2 多种多样——多分支的其他语句组成形式

除 if…elif…else 语句能进行多分支条件判断以外，使用 if…else 嵌套语句的组合也是可以实现多分支条件判断，编程的方法可以多种多样。

案例 8　根据成绩判断等级（改良版）

方舟学校进行体育考核，输入考试成绩，让计算机判断等级。

扫一扫，看视频

成绩	cj>=85	85>cj>=70	70>cj>=60	cj<60
等级	优秀	良好	合格	不合格

研究室

1. 思路分析

接收键盘输入的变量 cj，将输入的值转换为整数赋值给 cj，当 cj>=85 时，输出"优秀"；当 cj>=70 时，输出"良好"；当 cj>=60 时，输出"合格"；上述条件都不符合的，即 cj<60，输出"不合格"。

2. 算法描述

第一步：输入 cj 的值。

第二步：判断 cj 的值，给出相应等级的结果。

注意：和前面算法不同，增加了一个"良好"等级。

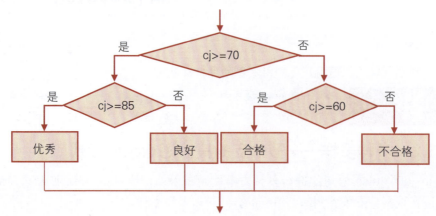

工作坊

1. 编程实现

代码清单 4-3-2：成绩等级判断（改良版）

```
cj=input("输入你的成绩：")
cj=int(cj)
if cj>=70:
    if cj>=85:
        print ("成绩优秀")
    else:
        print ("成绩良好")
else:
    if cj>=60:
        print ("成绩合格")
    else:
        print ("成绩不合格")
```

2. 运行调试

第 1 次运行程序，输入 88，查看运行结果。
第 2 次运行程序，输入 73，查看运行结果。
第 3 次运行程序，输入 65，查看运行结果。
第 4 次运行程序，输入 55，查看运行结果。

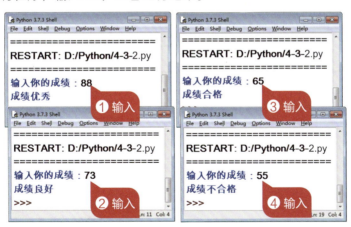

知识库

1. 流程图的基本图形及其功能

在 Python 语言中，当编写程序之前都要设计算法，一般算法都可以使用流程图来表示。因为用流程图描述算法比较形象、直观，更容易理解，并且不依赖于具体的计算机程序设计语言。对于一些复杂的算法，设计人员往往先用流程图描述算法，以保证程序结构的正确性，从而降低程序编写的难度。流程图的基本图形是有一定的规定的，具体情况如下表所示。

图形	名称	功能
⬭	开始/结束符	表示算法的开始或结束。一个算法只能有一个开始处，但可以有多个结束处
▱	输入/输出框	表示数据的输入或计算结果的输出
◇	判断框	表示分支情况，通常用上方的顶点表示入口，选择其余顶点中的两个表示出口
⌐	流程线	指出流程控制方向，即动作的次序
▭	处理框	框中指出要处理的内容，该框有一个入口和一个出口

2. 程序设计的3种基本结构

顺序结构：是最简单、最常用的程序结构。

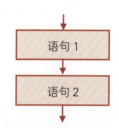

选择结构：左下图为单分支选择结构，右下图为双分支选择结构。

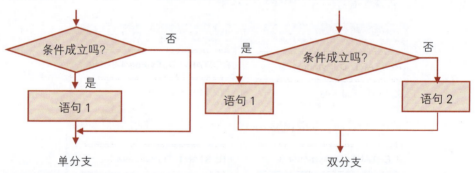

循环结构：在给定条件成立的情况下，重复执行某个操作，重复执行的操作称为循环体。循环结构分成两种，一种是当型循环结构，一种是直到型循环结构。

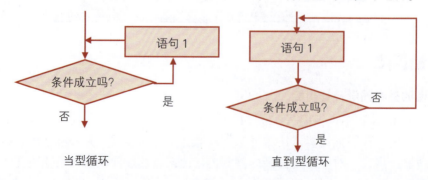

创新园

1. 阅读程序写结果

代码清单 4-3-2a：输出最大的数

```
a=int(input ('请输入第1个数a='))
b=int(input ('请输入第2个数b='))
c=int(input ('请输入第3个数c='))
if a>b:
    maxnum = a
else:
    maxnum = b
# 再比较maxnum和c
if c>maxnum:
    maxnum = c
print('最大的数是：',maxnum)
```

输入：4、2、6　输出：_____

2. 填写代码完善程序

某项收费规定，如果距离 x 超过 500km，付费 150 元，当 300<x<=500 是 100 元，当 100<x<=300 是 50 元，当 x<=100 不用付费。

代码清单 4-3-2b：根据距离收费

```
x=int(input("请输入距离（km）："))
y=0
if x>500:   y=150
else:
    if x>300 :   _____
    else:
        if x>100:  _____
        else:   y=0
print ("支付的费用：",y)
```

空格处填写的内容是：_____、_____

3. 编写程序

对一批货物征收税金，价格在 1 万元以上的货物征税 5%，在 5000 元以上、1 万元以下的货物征税 3%，在 1000 元以上、5000 元以下的货物征税 2%，1000 元以下的货物免税。编写一个程序，读入货物价格 s，计算并输出税金 w。

第 5 章

循环结构环环绕

在我们的身边很多方面都存在周期性。例如交通路口信号灯的交替变换，日历中从星期一到星期日的周而复始，自然现象里海水的潮起潮落、月亮的阴晴圆缺等。如果用计算机语言表示周期性，体现的就是程序的循环结构。

相对于顺序结构的一步步执行，循环结构要高效很多。循环结构可以将程序中需要反复执行的某些语句集中起来，借助条件判断是继续执行循环还是停止退出循环。

 学习内容

- 循环基本语句
- 循环嵌套应用
- 循环控制应用

5.1 反反复复——循环基本语句

四季轮回是指春去秋来、寒来暑往的季节年复一年地更替、交换,永无止息反反复复地循环。但事实上,循环并不一定是简单、机械的重复,循环是有一定的控制条件。在 Python 语言中循环有 for 循环与 while 循环两种方式。

5.1.1 周而复始——for 循环语句

如果把一年中"春夏秋冬"的四季变化理解为单次循环,那么十年寒窗就如同多次循环。一般循环都是有循环条件的,符合循环条件时会不断循环重复,不符合循环条件时就会停止。

- for(因为、对于)
- range(范围)

循环结构是指程序重复执行循环语句中的一行或多行代码,包括 3 个要素,分别是循环变量、循环体和循环终止条件。

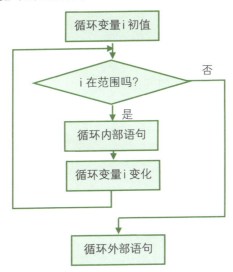

案例1 统计摩天轮旋转次数

小芳在儿童乐园玩摩天轮,她很想知道玩一次摩天轮,到底能旋转多少圈。可她一上摩天轮就紧张,为了不出错,每次旋转到最高处,自己拍一张照片。回家后查看照片数,并做好记录,经过查看照片共统计出摩天轮转动了 9 次。

这种重复计数的过程,我们称为累加计数,使用计算机编程可

扫一扫,看视频

以很好地解决。

研究室

1. 思路分析

计算9次旋转，应用顺序结构要写9遍。即1次计1个"⊙"，旋转9次就是显示9个"⊙"。但如果输出几百次、几千次或几万次，显然这种方式很不方便。这就需要使用for循环语句来帮忙了。只要修改循环的次数值，都可轻松实现。

2. 算法描述

设置循环的次数范围，设置i的初值为0，判断i是否小于10，如果i<10，执行循环体内的cs=cs+1、jq=jq+"⊙"、print (i,jq)语句。

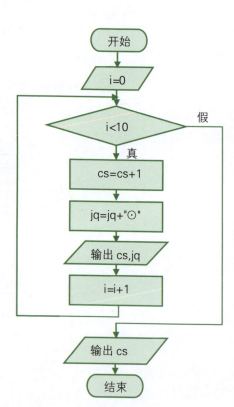

工作坊

1. 编程实现

代码清单5-1-1：统计摩天轮旋转次数

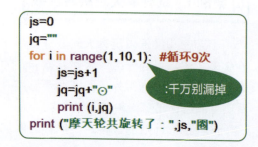

```
js=0
jq=""
for i in range(1,10,1):    #循环9次
    js=js+1
    jq=jq+"⊙"
    print (i,jq)
print ("摩天轮共旋转了：",js,"圈")
```

:千万别漏掉

2. 运行调试

3. 答疑解惑

在 Python 中，循环体如果要重复 100000 次，还可以修改 range(1,100001,1)。

代码清单 5-1-1a：统计摩天轮旋转次数

```
js=0
jq=""
for i in range(1,100001,1):   #循环100000次
    js=js+1
    jq=jq+"☉"
    print (i,jq)
print ("摩天轮共旋转了：",js,"圈")
```
修改输入

案例 2　棋盘上的麦粒

印度舍罕王为了奖赏国际象棋发明人达依尔，问他想要什么。达依尔说："陛下，请您在这张棋盘的第 1 个小格内赏给我 1 粒麦子，在第 2 个小格内给 2 粒，第 3 格内给 4 粒，以后每一小格都比前一小格加一倍。请将棋盘上 64 格摆满的麦粒赏给我吧。"国王慷慨地答应了。当人们把一袋又一袋的麦子搬来开始计数时，国王才发现，将全国的小麦拿来，也无法满足达依尔的要求。那么达依尔到底要求的是多少麦粒呢？

扫一扫，看视频

你可以使用计算机编程告诉国王达依尔要的小麦粒数。

1. 思路分析

如果本题使用数学的方法计算，即 $1+2+2^2+2^3+2^4+\cdots+2^{63}=2^{64}-1$，运算结果就是 18446744073709551615 粒。

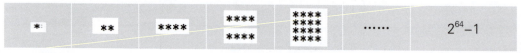

2. 算法描述

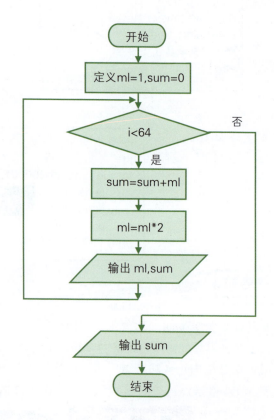

工作坊

1. 编程实现

代码清单 5-1-1b：棋盘上的麦粒

```
sum=0
ml=1
for i in range(1,65,1):      # 循环 64 次
    sum=sum+ml               # 求麦粒总数
    ml=ml*2                  # 每次麦粒乘 2
    print(i,ml,sum)          # 打印次数，每次麦粒数，此次循环麦粒累加总数
print(sum)                   # 打印总麦粒数
```

2. 运行程序

这些麦粒究竟是多少呢？如果 1 斤小麦按 150000 粒计算，这大约是 140 万亿斤小麦，按目前的平均产量计算，这竟然是全世界生产两千年的全部小麦！可见国王不懂编程的害处。我们学会了编程，就可以快速计算出结果。

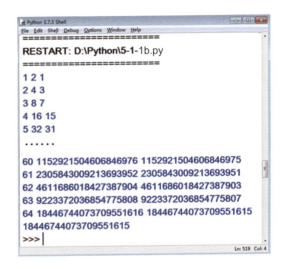

知识库

1. 循环结构的优点

循环结构可以提高工作效率，例如小芳在纸上一次一次的计数过程，可以使用顺序结构代码表示，因为有 15 次，代码太长，如果采用循环结构，只要将重复累加的过程放在循环体中，就很容易表达出来。

```
顺序结构代码：A
cs=0
cs=cs+1
…… #省略13次
cs=cs+1
print (cs)
```

```
循环结构代码：B
cs=0
for i in range(0,15,1):   #循环15次
    cs=cs+1
print (cs)
```

如果要让 cs=cs+1 执行 15 次，顺序结构代码中的 cs=cs+1 要重复写 15 次，代码就很长，而循环结构代码只需修改为 range(0,15,1)，显然采用循环结构的程序简洁得多。

2. for 循环中 range() 的作用

在 for i in range(1,4,1) 语句中，i 是一个自定义变量。第 1 个 1 表示 i 的初值，4 表示 i 的终值，第 2 个 1 表示 i 每次增加 1。如下表所示，range() 中不同的参数，表示的内容也是不同的。

循环条件	第 1 次	第 2 次	第 3 次	第 4 次	第 5 次
range(4)	i=0	i=1	i=2	i=3	退出循环
range(0,4,1)	i=0	i=1	i=2	i=3	退出循环
range(1,4,1)	i=1	i=2	i=3	退出循环	
range(1,4,2)	i=1	i=3	退出循环		
range(4,1,−1)	i=4	i=3	i=2	退出循环	

创新园

1. 阅读程序写结果

代码清单 5-1-1c：打印图案

```
for i in range(0,8,1):
    print ("*")
```

输出：_____

2. 完善程序

下面这段代码用来输出 1~26 的所有字母，在横线上填写缺少的部分。

代码清单 5-1-1d：打印 26 个字母

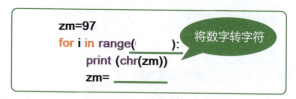

```
zm=97
for i in range(___):
    print (chr(zm))
    zm= _____
```
将数字转字符

空格处填写的内容是：_____、_____

5.1.2 循环反复——while 循环语句

在 Python 中，对于 for 循环和 while 循环，两者的相同点是能循环做一件重复的事情；不同点在于，for 循环是在循环条件超过范围后停止，while 循环是在条件不成立时停止。

- while(当……)
- condition(条件)

while 循环先判断所给条件 1 是否成立，若条件 1 成立，则执行步骤 N；再判断条件 1 是否成立，若条件 1 成立，则又执行步骤 N；如此反复，直到某一次条件 1 不成立时为止。

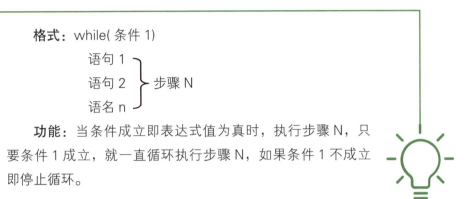

格式：while(条件 1)
语句 1
语句 2 } 步骤 N
语名 n

功能：当条件成立即表达式值为真时，执行步骤 N，只要条件 1 成立，就一直循环执行步骤 N，如果条件 1 不成立即停止循环。

在 while 循环的执行过程中，如果条件表达式的值为真，即条件成立，语句 n 将被执行，并且一直循环执行。如果条件表达式不成立，循环将停止执行。

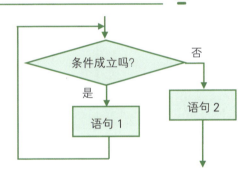

案例 3　1+2+…+100

大数学家高斯 10 岁时，老师在数学课上出了一道难题：把 1 到 100 的整数写下来，然后把它们加起来！老师话音刚落，高斯就报出答案：5050。老师吃了一惊，高斯解释他如何找到答案：1 + 100 = 101，2 + 99 = 101，3 + 98 = 101，…，49 + 52 = 101，50 + 51 = 101，一共有 50 对和为 101 的数目，所以答案是 50×101 = 5050。

扫一扫，看视频

由此可见，高斯找到了算术的对称性，然后就像求一般算术级数和的过程一样，把数目一对对地凑在一起。

你能用计算机循环语句的方式，编写出 1+2+…+100 的计算程序吗？

$$1+2+\cdots+n = \frac{n(n+1)}{2}$$

研究室

1. 思路分析

根据前面的学习，只要循环 100 次，每次让一个变量 x+1，即可实现数字从 1 到 100 的变化，再添加一个变量 sum，让 sum=sum+x，这样就可以通过 100 次的循环，计算得出结果。

2. 算法描述

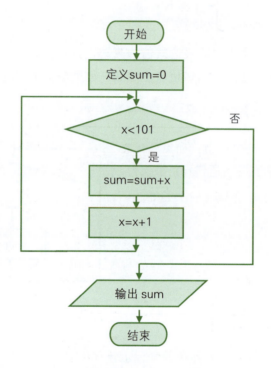

工作坊

1. 编程实现

代码清单 5-1-2：1+2+…+100

```
sum = 0          # while 循环的用法
x=1
while x < 101:
    sum = sum + x
    x=x+1
print (sum)
```

2. 运行调试

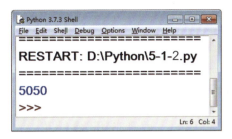

3. 答疑解惑

以下两段代码均可计算 1+2+…+100 的功能，比较一下它们做了哪些改进。

代码清单 5-1-2a：1+2+…+100

```
sum = 0
x=0
while x <= 100:
    sum = sum + x
    x=x+1
print (sum)
```

代码清单 5-1-2b：1+2+…+100

```
sum = 0           #for 循环的用法
for i in range(1,101,1):
    sum = sum + i
print (sum)
```

案例 4　绘制多彩图形

前面我们学习过在 Python 中调用海龟模块画图，宣宣学习了循环语句后，就设计了一个画图程序。左图为宣宣编写的程序执行后的效果，图是黑白的，她想改成彩色的（如右图），你能帮助她吗？

扫一扫，看视频

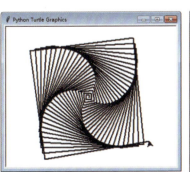

研究室

1. 思路分析

代码清单 5-1-2c：绘制黑白图形

```
import turtle
turtle.pensize(2)         # 设置线的宽度
i=1                       # 定义循环变量 i 初值
while i<=100：            # 循环 100 次
    turtle.forward(2*i)   # 画线，长度为 2*i
    turtle.left(91)       # 设置左转 91 度
    i=i+1                 # 每循环一次，i+1
```

分析绘制黑白图形程序代码，while 循环让小海龟每次循环画一段 2*i 长度的线段，并且左转 91 度，共循环 100 次。

如要改为彩色图，先要设置背景色为黑色，线段颜色按红色、黄色、紫色与蓝色的顺序循环绘制。可使用上一章所学的条件判断语句配合使用，思路如下。

循环体内第一步：如果 i%4==0，那么就让小海龟画"红色"的线。

循环体内第二步：如果 i%4==1，那么就让小海龟画"黄色"的线。

循环体内第三步：如果 i%4==2，那么就让小海龟画"紫色"的线。

循环体内第四步：如果 i%4==3，那么就让小海龟画"蓝色"的线。

2. 算法描述

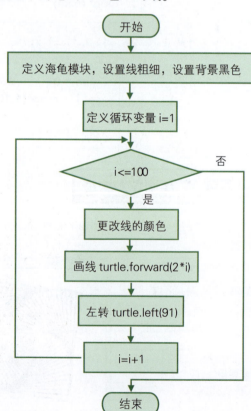

工作坊

1. 编程实现

代码清单 5-1-2d：绘制多彩图形

```python
import turtle
turtle.pensize(2)                           # 设置线的宽度
turtle.bgcolor("black")                     # 设置背景色为黑色
i=1
while i<=100 :                              # 循环 100 次
    if i%4==0 : turtle.color("red")         # i 除以 4 余 0，设置线为红色
    if i%4==1 : turtle.color("yellow")      # i 除以 4 余 1，设置线为黄色
    if i%4==2 : turtle.color("purple")      # i 除以 4 余 2，设置线为紫色
    if i%4==3 : turtle.color("blue")        # i 除以 4 余 3，设置线为蓝色
    turtle.forward(2*i)                     # 画线，长度为 2*i
    turtle.left(91)                         # 设置左转 91 度
    i=i+1                                   # 每循环一次，i+1
```

2. 运行调试

知识库

1. for 循环

for 循环可以用来遍历某一对象。遍历：通俗点说，就是把这个循环中的第一个元素到最后一个元素依次访问一遍，类似于上课老师点名，把每个同学姓名逐一点一次。

2. while 循环

while 循环是在条件不成立时停止。

💡 创新园

1. 阅读程序写结果

程序1代码	程序2代码	程序3代码
for i in range(0,4,1): 　print (i)	for i in range(1,4,1): 　print (i)	for i in range(4): 　print (i)

输出：_____　　输出：_____　　输出：_____

2. 填写代码完善程序

小海龟利用变量的变化绘制出精美的图案，填写内容，完善程序。

代码清单 5-1-2e：绘制精美图形

空格处填写的内容是：_____

3. 编写程序

求 1×2×3×4×5×6×7×8×9=?

5.2 息息相关——循环嵌套

在 Python 中我们可以使用循环嵌套循环的语句组合编写程序，解决一些复杂问题。

5.2.1 九九归一——for 循环语句嵌套

在 Python 中循环嵌套循环有两种用法，一种是内外循环相互独立；另一种是内部循环依赖于外部循环某些变量，决定着内部循环的执行条件。

案例 5　打印乘法口诀表

乘法口诀是中国古代筹算中进行乘法、除法、开方等运算的基本计算规则，沿用至今已有两千多年。古人用乘法口诀开始的两个字"九九"作为此口诀的名称，又称九九乘法表。你能应用循环嵌套的方法编写程序，并将其打印出来吗？

扫一扫，看视频

研究室

1. 思路分析

　　分析外循环：一共要执行 9 次，即 for i in range(1,10,1)，意思就是把 1、2、3、4、5、6、7、8、9 依次赋值给 i。

　　分析内循环：每次执行次数不同，外循环第 1 次时，内循环执行 1 次；外循环第 2 次时，内循环执行 2 次；外循环第 3 次时，内循环执行 3 次；以此类推，外循环第 9 次时，内循环执行 9 次；即 for j in range(1,i+1,1)。

　　因为每次内循环都要打印"i*j="和 i*j 的值，不管内循环多少次，都要连续打印在一行中。所以代码 print("%d*%d=%d\t" % (i, j, i*j), end=" ") 中 end=" " 就是输出不换行。

而在外循环中,每执行完一次外循环,都要回车换行的,所以使用的代码为 print(" ")。

2. 算法描述

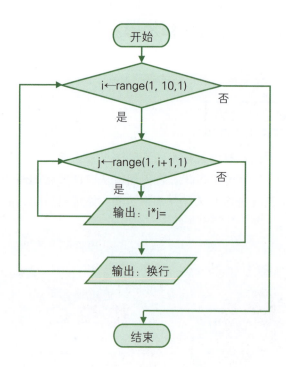

🏛 工作坊

1. 编程实现

代码清单 5-2-1:打印乘法口诀表

```
for i in range(1, 10,1):          # 外循环9次
    for j in range(1, i+1,1):     # 内循环是外循环变量+1次
        print("%d*%d=%d\t" % (j, i, i*j), end="")
    print("")
```

2. 运行调试

```
1*1=1
1*2=2   2*2=4
1*3=3   2*3=6   3*3=9
1*4=4   2*4=8   3*4=12  4*4=16
1*5=5   2*5=10  3*5=15  4*5=20  5*5=25
1*6=6   2*6=12  3*6=18  4*6=24  5*6=30  6*6=36
1*7=7   2*7=14  3*7=21  4*7=28  5*7=35  6*7=42  7*7=49
1*8=8   2*8=16  3*8=24  4*8=32  5*8=40  6*8=48  7*8=56  8*8=64
1*9=9   2*9=18  3*9=27  4*9=36  5*9=45  6*9=54  7*9=63  8*9=72  9*9=81
>>>
```

第 5 章　循环结构环环绕

📚 知识库

1. for 循环嵌套——内循环与外循环相互独立

代码清单 5-2-1a：打印正常的 5 行 5 列

```
print("方式一：正常的5行5列")
for i in range(5):              # 外循环 5 次
    for j in range(5):          # 内循环 5 次
        print("◆", end="")
    print("")
```

◆◆◆◆◆
◆◆◆◆◆
◆◆◆◆◆
◆◆◆◆◆
◆◆◆◆◆

2. for 循环嵌套——内循环依赖于外部循环变量

代码清单 5-2-1b：打印倒直角三角形

```
print("方式二：左上角的直角三角形")
for i in range(5,0,-1):         # 外循环 5 次
    for j in range(i):          # 内循环 i 次
        print("◆", end="")
    print("")
```

◆◆◆◆◆
◆◆◆◆
◆◆◆
◆◆
◆

代码清单 5-2-1c：打印直角三角形

```
print("方式三：左下角的直角三角形")
for i in range(5):              # 外循环 5 次
    for j in range(i+1):        # 内循环 i+1 次
        print("◆", end="")
    print("")
```

◆
◆◆
◆◆◆
◆◆◆◆
◆◆◆◆◆

💡 创新园

1. 阅读程序写结果

代码清单 5-2-1d：输出五角星图案

输出：_____

```
for i in range(1,5,1):
    for j in range(1,4,1):
        print("★", end="")
    print("")
```

2. 填写代码完善程序

代码清单 5-2-1e：输出五角星图案

```
for i in range(_____):
    for j in range_____
        print("★", end="")
    print("")
```

★★★
★★
★

空格处填写的内容是：_____、_____

3. 编写程序

编写程序打印如下图形。

5.2.2 照猫画虎——while 语句循环嵌套

照猫画虎是比喻照着样子模仿。while 语句与 for 语句都是典型的循环语句，在循环嵌套中 for 语句所能做到的事，while 语句都可以做到，而且 while 语句中的条件表达式更加灵活。

案例 6 打印倒序乘法口诀表

中国古代九九乘法表一般是倒序，你能应用 while 循环嵌套的方法编写程序将其打印出来吗？

扫一扫，看视频

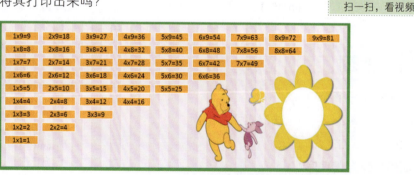

研究室

1. 思路分析

分析外循环：一共要执行 9 次，借助 while i >0: 与 i = i −1 语句实现。

分析内循环：每次执行次数不同，借助 while j <= i: 与 j = j + 1 语句实现。

每次内循环都要打印"i*j="和 i*j 的值，因为这是倒序，并且我们习惯 1*9=9，而不是 9*1=9，因为 i 是从 9 到 1 降序，j 是从 1 到 9 升序，所以打印时输出"j*i="，使用的代码为 print("%d*%d=%d\t" % (j, i, i*j), end=" ")，其中 end=" " 就是连续打印在一起。

同理，每执行一次外循环后，都要回车换行，所以使用的代码为 print(" ")。

2. 算法描述

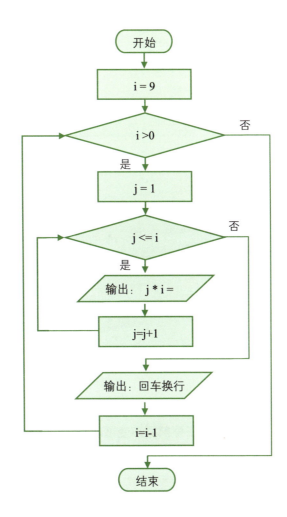

🏛 工作坊

1. 编程实现

代码清单 5-2-2：打印倒序乘法口诀表

```
i = 9                                          # 定义外循环变量初值
while i >0:                                    # 设置外循环的条件
    j = 1                                      # 定义内循环变量初值
    while j <= i:                              # 设置内循环的条件
        print("%d*%d=%d\t" % (j, i, i*j), end="")  # 显示口诀算式
        j = j + 1                              # 内循环变量自增
    print("")                                  # 回车换行
    i = i -1                                   # 外循环变量自减
```

2. 运行调试

```
Python 3.7.3 Shell
File  Edit  Shell  Debug  Options  Window  Help
==================== RESTART: D:/Python/5-2-2.py ====================
1*9=9   2*9=18  3*9=27  4*9=36  5*9=45  6*9=54  7*9=63  8*9=72  9*9=81
1*8=8   2*8=16  3*8=24  4*8=32  5*8=40  6*8=48  7*8=56  8*8=64
1*7=7   2*7=14  3*7=21  4*7=28  5*7=35  6*7=42  7*7=49
1*6=6   2*6=12  3*6=18  4*6=24  5*6=30  6*6=36
1*5=5   2*5=10  3*5=15  4*5=20  5*5=25
1*4=4   2*4=8   3*4=12  4*4=16
1*3=3   2*3=6   3*3=9
1*2=2   2*2=4
1*1=1
>>>
                                                           Ln: 345  Col: 4
```

知识库

1. while 循环嵌套——内循环与外循环相互独立

代码清单 5-2-2a：打印正常的 5 行 5 列

```
i = 1
while i <= 5:
    j = 1
    str = ''
    while j <= 5:
        str = str + '★'
        j = j + 1
    print(str)
    i = i + 1
```

★★★★★
★★★★★
★★★★★
★★★★★
★★★★★

2. while 循环嵌套——内循环依赖于外部循环变量

代码清单 5-2-2b：打印倒直角三角形

```
i = 5
while i > 0:
    j = 1
    str = ''
    while j <= i:
        str = str + '★'
        j = j + 1
    print(str)
    i = i - 1
```

★★★★★
★★★★
★★★
★★
★

代码清单 5-2-2c：打印直角三角形

```
i = 1
while i <= 5:
    j = 1
    str = ''
    while j <= i:
        str = str + '★'
        j = j + 1
    print(str)
    i = i + 1
```

创新园

1. 阅读程序写结果

```
程序1代码
i = 1
while i < 5:
    j = 1
    str = ''
    while j < i:
        str = str + '*'
        j = j + 1
    print(str)
    i = i + 1
```

```
程序2代码
i = 5
while i >=0:
    j = 1
    str = ''
    while j < i:
        str = str + '*'
        j = j + 1
    print(str)
    i = i -1
```

输出：_____   输出：_____

2. 填写代码完善程序 1

代码清单 5-2-2d：输出 20 以内的素数

```
i = 2
while_____    #20以内的素数
    j = 2
    while(j <= (i/j)):
        if not(i%j): break
        j = j + 1
    if (j > i/j) : print (i, " 是素数")
    i = i + 1
print ("Good bye!")
```

空格处填写的内容是：_____

3. 填写代码完善程序 2

代码清单 5-2-2e：利用多种循环嵌套绘制美丽的几何图形

5.3 指挥若定——循环控制语句

"指挥若定"形容态度冷静,考虑周全,指挥起来就像一切都事先安排好了似的。循环语句中常常使用条件语句、continue 语句、break 语句对循环进行控制。

- continue(继续)
- break(中断)

相对于条件语句来讲,continue 和 break 语句大家相对陌生,它们都是用来控制循环结构的。continue 是跳过当次循环中剩下的语句,执行下一次循环。break 用于完全结束一个循环,跳出循环体执行循环后面的语句。两者区别在于 continue 只是终止本次循环,接着还执行后面的循环,break 则完全终止循环。

5.3.1 令行禁止——continue 语句

在 Python 中,continue 语句是一个删除的效果,它的存在是为了删除满足循环条件下某些不需要的成分。

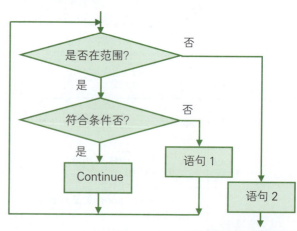

案例 7　数字宝宝玩游戏

0~9 共 10 个数字小朋友在一起玩游戏,有两关小任务如下。

任务一:只能是 10 以内的偶数小朋友过河采蘑菇。

任务二:要让数字 5 与 8 藏起来,让大家找。

扫一扫,看视频

小芳说她可以使用编程描述这两个任务？你可以做到吗？

1. 思路分析

在任务一中输出 10 以内的偶数，用以前章节所学知识就能完成，即只要设置循环变量 i=1，循环 5 次，每次输出 i*2。但任务二输出 10 以内的除 5 与 8 以外的数，使用以往的知识就很难编写程序了。程序借助 continue 语句，不执行该语句后面的语句，终止本次循环，从而实现只打印输出符合条件的数。

2. 算法描述

通过上面的分析，任务一算法的关键点是 i%2!=0。任务二则需将 i%2!=0 改为 i==5 or i==8 即可。

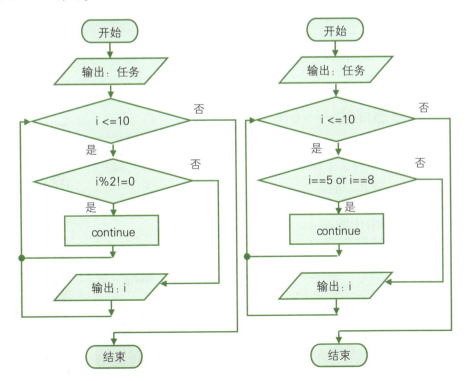

工作坊

1. 编程实现

代码清单 5-3-1：数字宝宝玩游戏

```python
print ("任务一：输出10以内的偶数")
for i in range(1,11,1):
    if (i%2!=0 ):                    # 奇数的判断
        continue                     # 不执行后面语句，终止本次循环
    print (i)
print ("任务二：输出10以内除5与8的数")
for i in range(1,11,1):
    if (i==5 or i==8):               # 5 与 8 的数判断
        continue                     # 不执行后面语句，终止本次循环
    print (i)
```

2. 运行调试

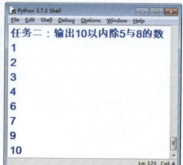

5.3.2 戛然而止——break 语句

Python 中的 break 语句打破了封闭的 for 或 while 循环。break 语句用来终止循环，即循环条件没有 False 条件或者序列还没被完全执行完，也会停止执行循环语句。

案例 8 密码中止程序

手机、电脑经常要设计各种各样的密码，只有密码输入正确，才可以进入程序。宣宣也想编写这样的程序。

编程要求：使用键盘接收

扫一扫，看视频

所输入的密码,如果密码不对,就一直重复提示输入密码,只有密码正确,才会中止循环,并给出"密码正确,欢迎您!"的提示。

研究室

1. 思路分析

密码如果输入不正确,提示要求一直输入,此时循环就是典型的无限循环。无限循环也是死循环,即计算机一直做循环操作。在编程中注意要给这种无限循环打开一个出口,此时使用 if 条件语句对密码进行判断,如果密码正确就执行 break 语句,退出循环。

2. 算法描述

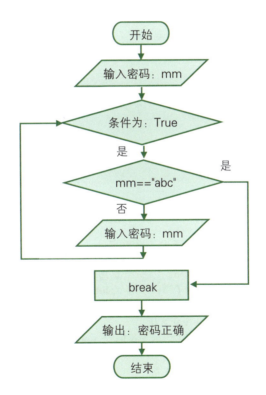

工作坊

1. 编程实现

代码清单 5-3-2:密码中止程序

```
mm=input("请输入密码:")
while True:                    # 永真循环,即一直循环
    if mm=="abc":
        break                  # 中止循环
    mm=input("密码不对,请重新输入密码:")
print("密码正确,欢迎您!")
```

2. 运行调试

3. 答疑解惑

在 Python 中，break 语句是一种很方便的设计，但是任何算法都可以使用不包含 break 语句的其他语句来实现，在程序中是否使用 break 语句与个人编程风格有关。

应避免在一个循环体内使用过多的 break 语句。因为当循环有多个出口的时候，程序逻辑就显得不够清晰了。

知识库

1. break 语句用法

在 Python 语言中，break 语句用来终止循环语句，即循环条件没有 False 条件或者序列还没被完全执行完，也会停止执行循环语句。如果是嵌套循环，break 语句将停止执行当前所在的循环，并开始执行本循环体外的代码。

代码清单 5-3-2a：break 语句用法

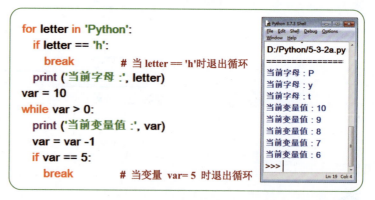

2. break 语句与 if 语句配合用法

如果你使用的是嵌套循环，break 语句将停止执行最深层的循环，并开始执行下一行代码。break 语句执行时，只是停止内层循环，接着继续执行外循环中的代码。

创新园

1. 阅读程序写结果

代码清单 5-3-2b：求两个数的最大公约数

输入：3、5 输出：＿＿＿＿＿＿

```
a = int(input("输入第一个数字："))
b = int(input("输入第二个数字："))
while (a!=b):
    if a>b:
        a=a-b
    else:
        b=b-a
print ("两个数的最大公约数是:",a)
```

2. 填写代码完善程序

代码清单 5-3-2c：猜数字游戏

```
import random                    # 调用随机函数
secret = random.randint(1,10)    # 生成 1 个 1~10 之间的数
print(secret)
print('------猜数字游戏！------')
guess = 0
while  guess != secret:
    temp = input('请输入数字：')
    guess = int(temp)
    if guess == secret:
        print('恭喜，您猜对了！')
        print('游戏结束，再见！^_^')
    ＿＿＿＿＿＿＿＿＿＿＿＿
    if guess > secret:
        print('您输入的数字大了！')
    else:
        print('您输入的数字小了！')
```

空格处填写的内容是：＿＿＿＿＿＿

3. 修改、调试程序

有一群小朋友在一起玩"逢4必过"游戏，规则是：大家围成一圈，从1开始报数，如遇到尾数是4就不报数，而报"过"，谁报错了数，谁就要跳舞。编个程序，模拟30人的报数情况。其中有两处错误，快来改正吧！

代码清单5-3-2d：逢n必过

```
for i in range(1,31):
    if i%10=4:                    ❶
        print ("过",end=" ")
        break                     ❷
    print(i,end=" ")
```

错误1：_____ 错误2：_____

第 6 章

使用函数效率高

你在使用 Python 编写程序时,有没有经常用到一段代码需要重复输入?例如交换两个数的位置、找某个符合条件的数等。我们可以将实现某一功能的代码组织在一起,形成一个独立的程序单元,称之为函数。其实,你早就使用过系统提供的函数了,例如输入函数 input()、输出函数 print() 等,只是你还不完全了解它们。

本章除了可以了解系统的内置函数,还可以学习如何自己定义函数,了解函数的参数,以及如何利用函数高效解决问题,是不是很期待?我们一起走进精彩的函数世界吧!

 学习内容

- 定义函数
- 函数的参数
- 函数的返回值

6.1 没有规矩，不成方圆——定义函数

扫一扫，看视频

"没有规矩，不成方圆"出自《孟子·离娄上》："离娄之明，公输子之巧，不以规矩，不成方圆。"该成语比喻做事要遵循一定的法则。函数是组织好可重复使用的、用来实现单一或相关联功能的代码段。函数能提高代码的重复利用率，使用函数可以大大提高编程效率。

6.1.1 百花齐放——函数类型

在 Python 中有丰富的函数，例如系统定义好的直接可拿来用的内置函数，其实你已经用过这些函数了，例如用于数据输入、输出的 input()、print()。另外，Python 也可以自己定义函数，定义函数有着特定的格式。

> def 函数名（参数）：
> 　　函数体
> 　　return 返回值
>
> **功能**：调用函数时，用实际数值代替参数，执行函数体后，用 return 语句传出返回值。函数也可以没有 return 语句，没有返回值。

案例 1　判断水仙花数

张小薇同学最近喜欢研究一些特殊数，如水仙花数，它是一个三位数，特殊的地方是三位数的百、十、个位数的三次方之和等于这个数本身，例如 $153=1^3+5^3+3^3$。判断水仙花数要计算多次，还是挺麻烦的，你能编程帮她判断一个数是不是水仙花数吗？

扫一扫，看视频

1. 思路分析

判断一个三位数是不是水仙花数,首先要将组成这个数的三位数字取出来,例如153,它的百位是1,十位是5,个位是3,再判断3个数的3次方之和是否等于这个数,$1^3+5^3+3^3=153$,由此可以判断这个数是水仙花数。

将三位数的百位、十位、个位上的数提取出来,可以采用整除和取余的方法,得到每个数后,再求这3个数的立方和,并判断立方和是不是等于这个数本身,需要使用选择结构来实现。

2. 算法描述

判断一个数是不是水仙花数,需要用到4个变量,n为键盘上输入的数,其他3个变量分别放这个三位数的百位、十位与个位上的数,算法如下所示。

第一步:输入一个正整数n(水仙花数的范围是100~999)。

第二步:取出这个数的百位、十位、个位上的数字,分别放到变量b、s、g中。

第三步:判断$b^3+s^3+g^3$是不是等于n,如果相等,则输出"是水仙花数",否则输出"不是水仙花数"。

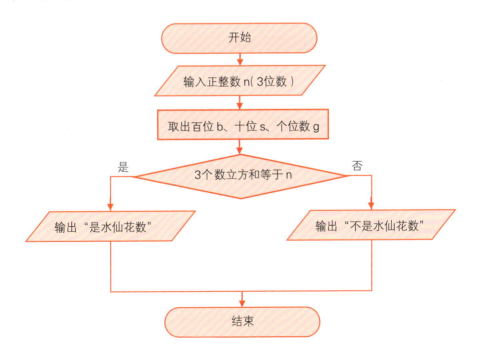

工作坊

1. 编程实现

代码清单 6-1-1：判断水仙花数

```
num = int(input("请输入一个三位数:"))
g = num % 10
s = num // 10 % 10
b = num // 100
if num == g**3 + s**3 + b**3:
    print(num,"是水仙花数")
else:
    print(num,"不是水仙花数")
```

2. 运行调试

测试程序，选择数据非常重要，在测试"判断水仙花数"程序时，要选择是水仙花数与不是水仙花数的数分别测试，可判断程序是否考虑全面。按 F5 键，运行程序，输入数字 153、407 与 207 分别进行测试。

3. 答疑解惑

判断一个数是不是水仙花数，关键是将这个数的百位、十位、个位上的数取出来，程序中使用 num //100、num // 10 % 10 与 num % 10 三个表达式分别取出百位、十位与个位数，而"//"与"%"是算术运算符，参与运算的数据要是数值型的，使用函数 input() 获取的数据是字符型的，必须进行转换，内置函数 int() 可以将字符型数据转换成数值型数据。

其实输入的数据如果是字符型也没有关系，可以用截取字符的方法取出百位、十位、个位上的数，再使用公式判断是不是水仙花数。例如使用 input 输入的数据是字符型，放入变量 num 中，使用截取字符的方法取百位上的数字用 num[0]、十位数用 num[1]、个位数字用 num[2]，这样也可以提供编程的另一种方法。

```
num = input("请输入一个三位数:")
a = int(num[0])
b = int(num[1])
c = int(num[2])
if int(num) == a**3 + b**3 + c**3:
    print(num,"是水仙花数")
else:
    print(num,"不是水仙花数")
```

知识库

1. 与数值有关的内置函数

函数名	说明	举例
int()	整数或转换为整数类型	int()=0 , int(12.5)=12
round()	将数值四舍五入	round(4.5)=4 , round(-3.2)=-3
max()	找出最大的	max(12,23,5,21,11,9,7)=23
min()	找出最小的	min(12,23,5,21,11,9,7)=5
float()	用于将整数和字符串转换成浮点数	float(100)=100.0 , float(-1)=-1.0

2. 与字符串有关的内置函数

函数名	说明	举例
str()	字符串或转为字符串类型	s=123, str(s) ='123'
chr()	将 ASCII 数值转为单个字符	chr(97)='a', chr(0x30)='0'
len()	返回对象的长度	str ='runoob', len(str)=6

创新园

1. 搜索 Python 内置函数

打开搜索引擎,输入关键字"Python 内置函数",打开相关的网页,搜索 Python 有哪些内置函数,将以后我们可能用到的内置函数记录在下表中。

内置函数名	说明

2. 修改、调试程序

案例中判断水仙花数是将一个三位数拆成 3 个数,再使用公式判断。下面的程序段用来找出所有水仙花数,i、j、k 分别代表百位、十位、个位数,使用 for 循环嵌套,列出三位数的所有可能性 (100~999),每组成一个数就判断一下是不是水仙花数,如果是,就输出这个数。其中标出的地方有错误,快来改正吧!

```
for i in range(0,10):          ❶
  for j in range(0,10):
    for k in range(1,10):      ❷
      if i*i*i+j*j*j+k*k*k==i*100+j*10+k:
        print(i+j*10+k*100)    ❸
```

错误 1:_____ 错误 2:_____ 错误 3:_____

3. 编写、测试程序

四叶玫瑰数是指一个四位数,它的每位上的数字的 4 次幂之和等于它本身,例如 $1^4 + 6^4 + 3^4 + 4^4 = 1634$。编写程序,列出所有的四叶玫瑰数。

案例2 判断是否获奖

学校艺术节的演讲比赛中，为了鼓励同学们积极参加，主办方给出的获奖规则是：成绩60~100分评为"优秀奖"，其他情况不获奖。例如方芳同学得了70分，则她得到的是"优秀奖"；贾小波得了50分，则不能获奖。因为参加的同学很多，张小薇同学编写了一个程序，只要输入成绩，马上给出能否获奖的判断。

扫一扫，看视频

1. 思路分析

给出成绩，实现判断等级是一个很简单的数学问题。在 Python 中，用选择结构实现成绩的判断，可以使用 if 单向判断或者 if…else 双向判断来实现。

2. 算法描述

编程实现给成绩判断是否获奖，需要用到存放分数的变量 score，编程解决问题的算法如下。

第一步：输入分数（分数的范围是0~100）。

第二步：判断分数是不是在范围60~100内，如果满足条件，则输出"优秀奖"。

第三步：判断分数是不是在范围0~60内（不包括60），如果满足条件，则输出"还要努力哦！"

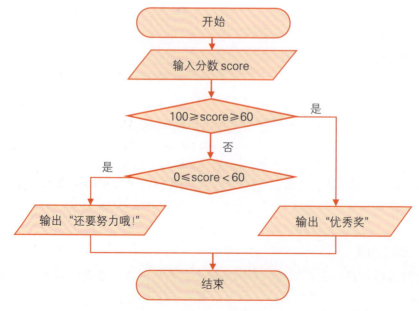

工作坊

1. 编程实现

代码清单 6-1-2a：判断是否获奖

```
score= int(input("请输入一个分数："))
if 100 >= score >= 60:
    print("优秀奖")
if 60 > score >= 0:
    print("还要努力哦")
```

代码清单 6-1-2b：判断是否获奖
将前面的程序段改为定义函数 cj()，用于"判断是否获奖"。

```
def cj(score):
    if 100 >= score >= 60:
        print("优秀奖")
    if 60 > score and score > 0:
        print("还要努力哦")
s= int(input("请输入一个分数："))
cj(s)
```

2. 运行调试

输入成绩分别测试两个程序，使用数字 89、45 测试，判断程序是否能输出相应等级。按两次 F5 键，分别输入数据，查看程序运行效果。

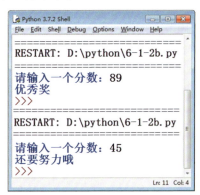

3. 答疑解惑

将程序段改为函数非常简单，定义函数以 def 关键词开头，后面是函数的名称、圆括号以及冒号，函数内容以冒号开始，并且缩进。定义的函数在后面必须调用，否则只定义不使用，没有意义。例如运行测试程序时输入的 89，先将 89 转成数值型数据，赋给变量 s，再执行语句 cj(89)，将 89 传给变量 score，因为 89 符合条件大于 60 小于 100，因此输出"优秀奖"。

函数的内容部分结构要清晰，案例中使用了两个单向判断，也可以使用 if…else 双向判断来实现。

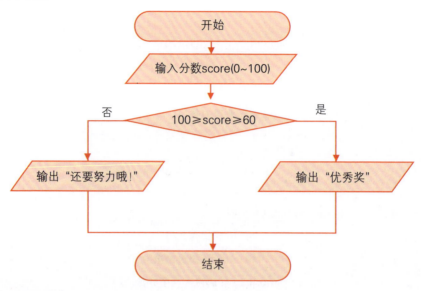

知识库

1. 函数定义规则

在 Python 中，函数以 def 关键词开头，后接定义函数的名称和圆括号，圆括号内是参数，然后是冒号。函数内容又称为"函数体"，以冒号开始，并且有缩进，函数的返回值：return［返回值内容］用于结束函数，返回一个值，表示程序执行的结果。函数如果不带 return，默认返回 None，返回值可以是任何类型的数据，也可以是一个表达式。

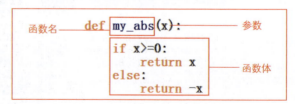

2. 函数的参数

在 Python 中，函数的参数分为形式参数和实际参数。在定义函数时，圆括号中的所有参数都是形式参数，也称为形参；调用函数中，圆括号中的参数称为实际参数，也叫实参。调用函数将实际参数传递给形式参数，然后执行函数体。

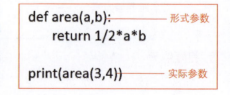

3. 函数的调用过程

函数定义时并不执行，只有调用时才执行，函数的调用过程共分四步。

第一步：调用程序在调用处 print() 暂停执行，而是调用函数 bigm()。

第二步：在调用函数时，将实际参数 189、25 分别传给形式参数 x 与 y。

第三步：执行函数体语句，因为 x=189，大于 y，因此得到 m=189。

第四步：函数调用结束给出返回值，返回值 m 是 189，程序回到调用前的暂停处继续，使用 print 输出结果是 189。

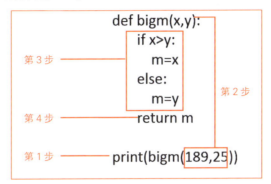

创新园

1. 修改、调试程序

下面的函数是用 if 双分支判断成绩等级，其中标出来的地方有错误，快来改正吧！

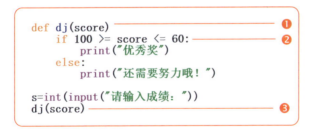

错误 1：_____   错误 2：_____   错误 3：_____

2. 写出下列程序段的运行结果

```
def score(n1,n2,n3):
    print("分数",n1,n2,n3)
    total=n1+n2+n3
    average=total/3
    print("总分：",total,"平均分：",average)
score(78,94,35)
```

运行结果为：_____

3. 编写、测试程序

设计能够计算圆面积与圆周长的函数，并调用。

6.1.2 不越雷池——变量的作用域

"不越雷池"比喻不敢超越一定的范围和界限。在 Python 中，函数中的变量也有作用范围，函数在读取变量时，优先读取函数本身自有的局部变量，再去读全局变量。

> **局部变量：** 变量在函数内声明，表示它是一个局部变量，作用范围只能在函数中。
>
> **全部变量：** 变量在函数外声明，就是全局变量，作用范围是整个程序文件。

案例 3　判断素数

张洁老师上课时，带同学们做了一个游戏：给一个正整数，让同学们在最短的时间内判断它是不是素数。要找素数，首先要知道什么是素数，素数就是一个大于 1 的自然数，除了 1 和它本身外，不能被其他自然数整除，换句话说就是该数除了 1 和它本身以外不再有其他的因数，如 11，只能被 1 与 11 整除，所以它是素数。

由此可见，判断一个数是不是素数，如果这个数超过了 100，就会有很大的计算量，你能不能编写一个判断素数的函数？

扫一扫，看视频

研究室

1. 思路分析

定义函数判断素数，最重要的是函数体。判断素数可用"试除法"，即判断一个自然数 n 是不是素数时，用 n 依次去除以 2 到 n−1，这个部分需要用到循环，而如果到某一个数正好整除，n 就可以断定不是素数；如果不能整除，可以断定 n 必然是素数。判断的过程需要用 if 的双向命令。

2. 算法描述

编程判断一个数是不是素数，要用到两个变量，变量 n 用来存放键盘上输入的数，也就是判断这个数是不是素数;另一个变量是i,i是循环变量,范围从2到n,编程的算法如下所示。

第一步:输入一个数n。

第二步:初始化循环变量i,从2开始。

第三步:循环执行,拿n除以2到n-1,如果能整除就输出"这个数不是素数";如果不能整除,则输出"这个数是素数"。

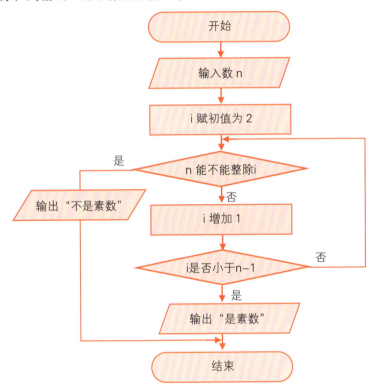

工作坊

1. 编程实现

代码清单6-1-3:素数判断

```
def ss(n):
    for i in range(2,n):
        if n%i==0:
            print(n,"不是素数")
            break
        if n==i+1:
            print(n,"是素数")

s=int(input("请输入一个数:"))
ss(s)
```

2. 运行调试

按 F5 键，输入数字测试程序，分别使用数字 7、24 对程序进行测试，因为 7 明显是素数，而 24 明显不是素数，可迅速判断程序是否正确。在测试数据时也可以设置两个大于 100 的数来进行测试。

3. 答疑解惑

函数定义好后要到调用时才被执行，例如调试运行程序输入数字 7，7 被放到变量 s 中，然后调用函数 ss(7)，分别用 7 除以 2 到 6，如果不能整除，则输出 7 是素数。

对键盘输入的数使用案例中判断素数的方法，明显存在效率极低的问题。对于每个数 n，其实并不需要从 2 判断到 n-1。我们知道，一个数若可以进行因数分解，那么分解时得到的两个数一定是一个小于等于 sqrt(n)，一个大于等于 sqrt(n)，据此上述代码中并不需要除到 n-1，只需到 sqrt(n) 即可，因此程序可以优化，得到一个新程序。

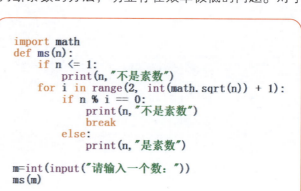

```
import math
def ms(n):
    if n <= 1:
        print(n,"不是素数")
    for i in range(2, int(math.sqrt(n)) + 1):
        if n % i == 0:
            print(n,"不是素数")
            break
        else:
            print(n,"是素数")
m=int(input("请输入一个数："))
ms(m)
```

创新园

1. 修改、调试程序

右面这段代码是用 while 语句编写，判断一个数是否为素数，标出的地方有错误，快来改正吧！

错误 1：_____

错误 2：_____

错误 3：_____

```
def ss(a):
    i=1; y=0
    while i<=a:
        c=a%i
        if c==0:
            y =y+1
        i=i+1
    if y==2:
        print(a,"不是素数") ────────── ❶
    else:
        print(a,"是素数") ──────────── ❷
m=int(input("输入一个数："))
ss(a) ──────────────────────────── ❸
```

2. 写出程序的运行结果

```
def fn(a):
    if a%2==0:
        print(a,'是偶数')
    else:
        print(a,'不是偶数')
fn(5)
fn(24)
```

运行结果为：_____

_____

3. 编写、测试程序

编写函数，判断一元二次方程是否有实根。

提示：求根公式为 $x = \dfrac{-b \pm \sqrt{b^2 - 4ac}}{2a}$

案例 4　10 以内加法测验程序

扫一扫，看视频

张小薇的弟弟正在上小学一年级，妈妈每天都要检查他的作业，并且要出一些题帮他巩固，张小薇设计了"10 以内加法测验"程序，能够随机出题让弟弟练习，减轻妈妈的负担。

1. 思路分析

程序"10 以内加法测验程序"运行时，提示输入出题数，然后产生相应题量的 10 以内加法题，根据要求输入答案，如果答对，得分累加，如果答错不得分，做完题目后显示得分。

2. 算法描述

编程需要用到 7 个变量，其中 a、b 存放随机产生的两个数，c 存放输入的答案，d 存放计算机算出的答案，n 是题目数，i 是计数器，j 用来计分。

第一步：输入一个数 n (题目数)。

第二步：初始化循环变量 i。

147

第三步：如果变量 i 超过 n，则输出答题数与得分，程序结束，否则执行第四步。

第四步：随机得到两个数 a、b。

第五步：显示随机得到的数 a、b。

第六步：将 a+b 的结果放到变量 d 中。

第七步：从键盘输入一个答案放到变量 c 中。

第八步：判断 d 是不是等于 c，如果等于，则输出"答对了"，并加 10 分，计数器加 1，跳到第三步，否则显示"答错了"。

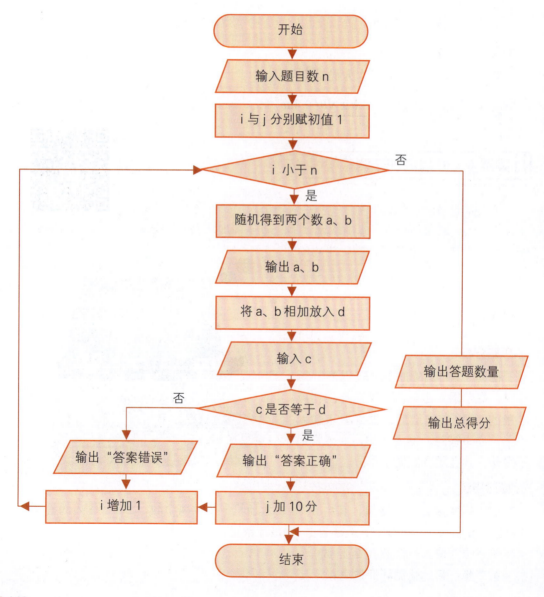

工作坊

1. 编程实现

代码清单 6-1-4：10 以内随机加法测验

```python
import random
n=int(input('请输入题数：'))
def ct():
    j=0
    i=0
    while i < n:
        a=random.randint(0,10)
        b=random.randint(0,10)
        print(a,'+',b,'=')
        c=int(input('请输入答案:'))
        d=a+b
        if d==c:
            print('答题正确')
            j+=10
        else:
            print('答题错误')
        i+=1
    print('一共答题数为%d' %(i))
    print('答题得分为%d' %(j))
ct()
```

2. 运行调试

按 F5 键运行程序，为了便于测试，只选择两道题，数量少，方便测试，两题答对，检测程序是否正确。也可以故意做错一些题，测试程序是否考虑全面。

3. 答疑解惑

第一个语句 import random，是因为要使用随机函数，先要包含进随机函数库，变量 n 是题数，函数从 def 开始，函数能够实现随机出 n 道题，例如测试程序时输入的题数是 2，两道题都答对了，得 20 分。

知识库

1. Python 的 math 模块

在很多数字运算中，我们都会用到一些特别的常量，例如圆周率 π (pi) 和自然常数 e，可以用 math 模块来输出圆周率 π (pi) 和自然常数 e 的值，math.e 表示数学常数 e = 2.718281…，使用方法如下所示。

```
import math
print("圆周率π:%.30f" % math.pi)
```

输出结果是：圆周率π:3.141592653589793115997963468544
"圆周率π:%.30f" % math.pi 语句的作用是：用字符串替换方法，取圆周率π小数点后30位的值。

2. 随机模块

计算机的随机数是由随机种子根据一定的计算方法计算出来的数值。所以只要计算方法一定，随机种子一定，那么产生的随机数就是固定的。要产生随机数，则由 random 模块来负责，具体用法如下所示。

```
import random
a=random.uniform(1,100)
print(a)
```

输出结果是：94.9814419545595
random.uniform(1,100)语句的作用是：返回一个介于 1 和 100 之间的浮点数。这里的 1 和 100 都有可能出现在结果中。

3. 变量的作用域

全局变量的作用域是整个程序，局部变量的作用域是定义该变量的函数。当全局变量与局部变量同名时，在定义局部变量的函数内，局部变量起作用，在其他地方全局变量起作用，如下面左侧程序段中的变量 x、y 是局部变量，只能在函数内调用；右侧程序段中的变量 x 是全局变量，在函数外还可以调用。

```
def fun(x,y):
    x += 1
    y = 3
    print(x)
    print(y)
fun(5,6)
运行结果：
6
3
```

```
x = 1
def fun(x,y):
    x += 1
    y = 3
    print(x)
    print(y)
fun(5,6)
print(x)
运行结果：
6
3
1
```

创新园

1. 修改、调试程序

下面这段代码是用 for 循环编写的"10 以内加法测验"程序，其中标出来的地方有错误，快来改正吧！

```
import random
n=int(input('请输入题数：'))
def ct():
    j=1                                    ①
    i=0
    for i in range(n):
        a=random.randint(0,10)
        b=random.randint(0,10)
        print(a,'+',b,'=')
        c=int(input('请输入答案:'))
        d=a+b
        if d==c:
            print('答题正确')
            j+=10
        else:
            print('答题错误')
        i+=1
    print('一共答题数为%d' %(j))           ②
    print('答题得分为%d' %(i))             ③

ct()
```

错误 1：_____　　错误 2：_____　　错误 3：_____

2. 写出程序的运行结果

```
a=3
b=6
def fn(a,b):
    a=10
    b=20
    c=a+b
    print(a,b,c)

fn(a,b)
print(a,b)
```

运行结果为：_____
　　　　　　_____

3. 编写、测试程序

编写函数实现 10 以内减法或乘法运算，每次出 5 题，每道题 20 分，答完题后给出最后得分。

6.2 种瓜得瓜，种豆得豆——函数的参数

"种瓜得瓜，种豆得豆"出自《吕语集粹·存养》："种豆，其苗必豆；种瓜，其苗必瓜。"比喻做了什么事，得到什么样的结果。在 Python 中，定义函数的时候，把参数的名字和位置确定下来，对于函数的调用者来说，根据参数类型是必须参数还是默认参数，

扫一扫，看视频

就知道如何传递参数,以及可以预计函数将返回什么样的值。

6.2.1 步调一致——必须参数

步调一致,比喻行动和谐一致。在 Python 中,必须参数是指定义好的函数,在调用时,如果声明了几个参数,调用函数时也必须传递几个参数,缺一不可。其具有顺序性,不可乱了次序,否则会引发错误提示信息。

> **格式:** def 函数名(形参1,形参2……)
> 　　　　函数名(实参1,实参2……)
> **功能:** 实参与形参的个数完全相同,其中实参1传给形参1,实参2传给形参2,后面一对一传递。

案例5　计算三角形的面积

张小薇最近在学习三角形面积的计算方法,老师告诉她知道三角形的三条边长度,也可以计算三角形的面积,使用的公式是 $S=\sqrt{p(p-a)(p-b)(p-c)}$,想着要开根号比较麻烦,张小薇决定编写函数计算三角形的面积。

扫一扫,看视频

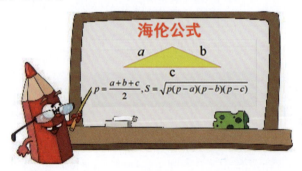

研究室

1. 思路分析

使用公式计算三角形的面积,首先要确认三条边 a、b、c 能不能组成三角形,只需要判断任意两边之和是否大于第三边,使用 if 可判断,如果能组成三角形,则需要使用公式计算,需要将代数式 $S=\sqrt{p(p-a)(p-b)(p-c)}$ 写成 Python 表达式,其中要用到 sqrt() 函数,p 为周长的一半,也就是 p=(a+b+c)/2。

2. 算法描述

输入三条边，计算三角形的面积，首先要判断是不是能构成三角形，再使用公式计算面积，编程的算法如下所示。

第一步：输入三角形的三条边长 a、b、c。

第二步：判断是不是能构成三角形。如果能，使用公式，计算并输出面积；如果不能，直接输出"不能构成三角形"。

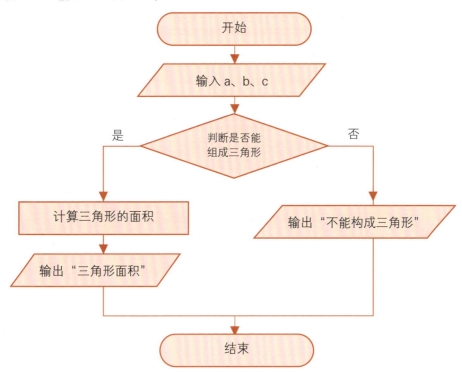

🏛 工作坊

1. 编程实现

代码清单 6-2-1：计算三角形的面积

```
import math
def main(a, b, c):
    if a + b > c and a + c > b and b + c > a:
        p = (a + b + c) / 2
        area = math.sqrt(p * (p - a) * (p - b) * (p - c))
        print('面积: %d' % (area))
    else:
        print('不能构成三角形')

a = float(input('a = '))
b = float(input('b = '))
c = float(input('c = '))
main(a, b, c)
```

2. 运行调试

按 F5 键，运行程序，选择一个特殊的三角形的数据测试程序，勾三股四弦五，分别输入 3、4、5，知道肯定能构成三角形，并且面积为 6。也可以再选一组不能组成三角形的数据进行测试。

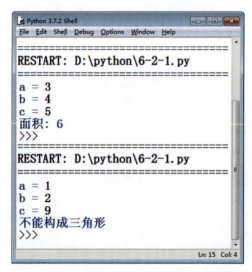

3. 答疑解惑

输入三角形三条边的边长，如果任意两边之和大于第三边，即可组成三角形，并计算三角形的面积。

在函数定义时用到了 3 个变量，分别是三角形的三条边长，在调用函数时也需要给 3 个值，在这里实参与形参是一一对应的，否则会出错。

程序中的第一个语句用来包含数学库函数，因为后面用到了利用三角形三边公式，写成 Python 表达式，其中函数 float 是将整数和字符串转换成浮点数。

💡 创新园

1. 修改、调试程序

右面这段代码用来判断能组成什么样的三角形，其中标出的地方有错误，快来改正吧！

错误 1：_____

错误 2：_____

错误 3：_____

```
def triangle(a, b, c):
    if(a+b>c or a+c>b or b+c>a):         ——①
        print('边长为：', a, b, c, '能组成三角形')
        if(a==b==c):
            print("是等边三角形")
        elif (a == b and a == c or b == c):  ——②
            print("是等腰三角形")
        elif(a^2+b^2==c^2 or a^2+c^2==b^2):  ——③
            print("是直角三角形")
    else:
        print("不能组成三角形")

triangle(3, 4, 5)
```

2. 写出下列程序段的运行结果

```
def f(a,b,h):
    s=(a+b)*h/2
    print('梯形面积为：',s)
f(2,4,5)
f(3,5,2)
```

运行结果为：_____

_____

6.2.2 心照不宣——默认值参数

函数的默认值参数，在定义时设置了默认值，调用的时候就不必再写了，彼此心中明白。默认参数值是指在定义函数时，将形式参数给予默认值，当"调用函数"某个参数没有传递数据时，函数可以使用其默认值。

格式：def 函数名（参数1，参数2=默认值，……）
函数主体

功能：形式参数的第1个必须是位置参数，形式参数的第2个才是默认参数，并且要同时设置其值，若有位置参数加入，则必须放在默认参数之前。

案例6 计算 x^n

张小薇学习了整数的平方，对于一个很小的整数来说，口算平方很简单，但如果数字比较大，则很麻烦了，于是张小薇决定编写函数计算 x^n。

扫一扫，看视频

研究室

1. 思路分析

定义一个计算 x^2 的函数很简单，甚至直接使用内置函数就可以了，定义起来也很简单，两个语句 def pf(x): return x*x，调用时只需传入一个参数 x，就可以计算 x 的平方了，但这个函数的通用性不好，如果是 x^3、x^4、x^5 呢？我们需要定义很多函数。

这时同学们一定想到将参数变成两个，x 与 n，原来定义的函数改为 def ncf(x,n)，这样用来计算 x^n。

2. 算法描述

$x^n=x*x*x\cdots x$，定义一个这样的函数，其实就是用循环控制 n 个 x 相乘，循环可以使用当循环 while，也可以使用计数循环 for。其中 n 表示循环的次数，定义的变量 s 用来放乘的结果，也就是用 s 来放最后返回值。既然是 x 的 n 次方，那么就是以 x 为基础的，x 是不变的。

第一步：定义变量 s、x、n。

第二步：判断循环变量 n 有没有大于 0，如果大于 0，将 s 乘 x 的结果放到 s 中，循环变量 n−1，否则输出 s。

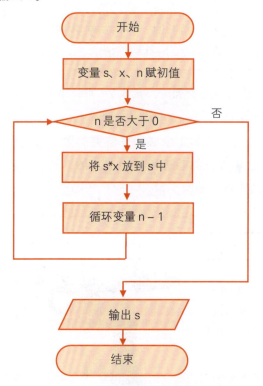

🏛 工作坊

1. 编程实现

代码清单 6-2-2：计算 x^n

```
def ncf(x,n=2):
    s=1
    while n>0:
        n=n-1
        s=s*x
    return s

print(5,"的",2,"次方是：",ncf(5))
print(5,"的",3,"次方是：",ncf(5,3))
print(5,"的",4,"次方是：",ncf(5,4))
```

2. 运行调试

因为在程序中已经调用了函数，分别计算 5^2、5^3、5^4，所以在程序运行时不需要再输入数据。

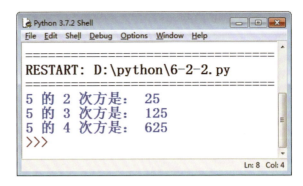

3. 答疑解惑

该函数有 2 个参数，第 1 个参数是形式参数，第 2 个是默认参数。第一次调用函数 ncf(5) 其实就是 ncf(5,2)，因为定义函数时将 2 定义成了默认参数，如果调用时省略，求的就是这个数的平方，而如果不用默认值，就需要在调用时说明，例如 ncf(5,3)、ncf(5,4)，就是分别计算 5^3 与 5^4。

创新园

1. 修改、调试程序

下面这段代码是用 for 循环编写的函数，计算 x^n，其中标出来的地方有错误，快来改正吧！

```
def ncf(x,n=2):
    s=0                              ❶
    m=1                              ❷
    for i in range(0,n):
        n=n-1
        s=s*n                        ❸
    print(x,"的",m,"次方是：",s)
a=int(input("请输入一个数："))
b=int(input("请输入一个数："))
ncf(a,b)
```

错误 1：_____ 错误 2：_____ 错误 3：_____

2. 写出下列程序段的运行结果

```
def f(a,b,c=2):
    e = a+b+c
    print(e,a,b,c)

f(1,2,3)
f(1,2,c=2)
f(c=1,b=2,a=3)
```

运行结果为：_____

3. 编写、测试程序

编写一个计算人民币与其他货币换算的函数，默认兑换美元。

假设：1 美元 (USD) = 6.7207 人民币，1 英镑 (GBP) = 8.9033 人民币，1 韩元 (KRW) = 0.0059 人民币，1 日元 (JPY) = 0.0604 人民币。

6.3 空穴来风，必有其因——函数的返回值

"空穴来风，必有其因"，比喻消息的传播不是完全没有原因的。函数也是这样，根据情况，有些函数需要有返回值，有的不需要。例如，如果函数是计算或查找某个数，就必须有一个结果，一般使用 return 取得返回值；而如果函数用来输入、输出，则就不需要返回值。

扫一扫，看视频

6.3.1 有来有往——无返回值函数

对于无返回值函数，看似函数没有 return 语句，其实它有一个隐含的 return 语句，没有返回值的函数并不是没有意义，它可能是一组操作，例如打印图形、交换两个变量的值等，完成操作而不需返回结果。

案例 7 交换两个数

张小薇正在学习编程解决数据的排序问题，将一组数从小到大升序排列，她用的方法是将数两两对比，如果后面的数比前面的数小，就交换两个数的位置。她发现交换两个数虽然只有 3 个语句，但重复率太高，于是她打算将交换两个数写成函数。

扫一扫，看视频

研究室

1. 思路分析

交换两个变量的值方法很多，一般我们采用引入第 3 个变量的算法。对于两个变量的值交换，可以将其想象成一瓶西瓜汁和一瓶橙汁如何进行交换，如果两个瓶中的饮料直接交换，西瓜汁和橙汁就成混合物了，显然不好喝。这时容易想到需要借助一个空瓶子 t 进行交换。

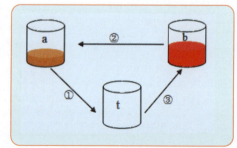

2. 算法描述

交换两个变量 a 与 b 的值，需要借助第 3 个变量 t，交换过程的算法描述如下。

第一步：先将变量 a 的值放到变量 t 中。

第二步：再将变量 b 的值放到变量 a 中。

第三步：再把变量 t 的值放到变量 b 中，这样就实现了变量 a 与 b 的交换。

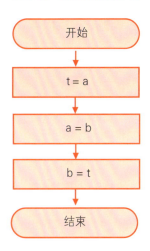

工作坊

1. 编程实现

代码清单 6-3-1：交换两个数

```
def swap(a,b):
    t = a
    a = b
    b = t
    print("交换后，a=",a,"b=",b)

a=20
b=30
print("交换前，a=",a,"b=",b)
swap(a,b)
```

2. 运行调试

按 F5 键运行程序，查看变量 a、b 中的值完成交换，效果如图所示。

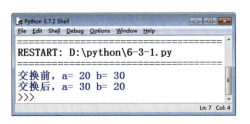

3. 答疑解惑

交换两个数，只需要借助第 3 个变量即可，在这个函数中没有返回值，但这个函数还是非常有意义的，因为它通过一系列的操作，完成两个数的交换。

创新园

1. 写出程序段的运行结果

```
def first( ):
    a=3
    def second( ):
        b=4
        print(' a+b=', a+b)
    second( )
    print(' a=', a)

first( )
```

运行结果为：_____

_____

2. 修改、调试程序

右面这段代码用来将 4 个数升序排列，其中标出来的地方有错误，快来改正吧！

错误 1：_____

错误 2：_____

错误 3：_____

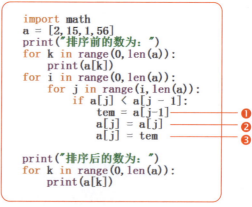

```
import math
a = [2, 15, 1, 56]
print("排序前的数为：")
for k in range(0, len(a)):
    print(a[k])
for i in range(0, len(a)):
    for j in range(i, len(a)):
        if a[j] < a[j - 1]:
            tem = a[j-1]      ❶
            a[j] = a[j]        ❷
            a[j] = tem         ❸

print("排序后的数为：")
for k in range(0, len(a)):
    print(a[k])
```

3. 编写、测试程序

编写函数，用星号打印三角形，如图所示，输入 3 即打印出 3 行，输入 4 即打印 4 行……

提示：输出符号"*"时首先要确定位置，例如输出第 1 行的符号"*"时，与整个图案最左边的符号"*"相比，注意前面应该留有的空格数（也可以将第 1 个符号"*"放在屏幕的中间），然后再使用循环来控制输出符号"*"。从第 2 行开始，输出空格数递减，输出符号"*"递增。

6.3.2 投桃报李——有返回值函数

"投桃报李"出自《诗经·大雅·抑》，比喻友好往来或互相赠送东西。在 Python 中，函数间传递数据也会有来有往。

案例 8　计算 n！

"张小薇"最近迷上了数学界的大神基斯顿·卡曼，仔细阅读大神的经历后，开始研究他发明的运算符号"阶乘"，记作"n！"。一个正整数的阶乘是所有小于及等于该数的正整数的积，例如 5！=5*4*3*2*1，结果是 120，张小薇打算编写函数计算 n！。

扫一扫，看视频

研究室

1. 思路分析

计算 n! 其实就是从 1 开始乘，一直乘到 n，这个过程可以通过循环来实现，在 Python 中可以使用 for 循环，也可以使用 while 循环。并且要注意 1 的阶乘为 1，自然数 n 的阶乘写作 n!。

2. 算法描述

计算 n! 需要定义 3 个变量，变量 n 由键盘输入，输入的是几就计算几的阶乘。变量 i 与 s 分别用来循环计数与保存阶乘的计算结果。

第一步：输入数存入变量 n。
第二步：定义变量 s 与 i，并赋初值为 1。
第三步：循环变量从 1 开始，判断有没有超过终值，如果超过，跳出循环，否则执行 s=s*i，并且计数器增加 1。
第四步：输出 s，也就是计算 n！的值。

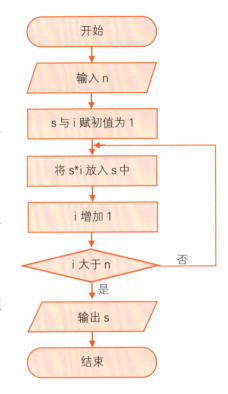

工作坊

1. 编程实现

代码清单 6-3-2：计算 n!

```
def jc(n):
    i=1
    s=1
    for i in range(1,n+1):
        s=s*i
        i+=1
    return s

a=int(input("请输入一个数："))
print(a,"的阶乘是：",jc(a))
```

2. 运行调试

按 F5 键运行程序，可选择 3 个数进行测试，其中 2 个小些的数，一看就能知道答案的，例如 4!=24、5!=120，再用一个比较大点的数，例如 15!。

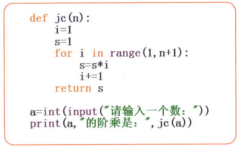

3. 答疑解惑

计算 n! 时，用来放累乘的变量初值一定要为 1，如果为 0 则乘任何数均为 0。这里计算 n！还有第 2 种算法，使用递归的方法，不停地调用自己，直到 1！=1 时停止。

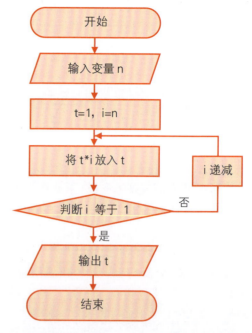

使用递归的方法编写程序时，必须有一个明确的结束条件，例如直到 1！时停止。下面以计算 5！为例，介绍递归的过程。

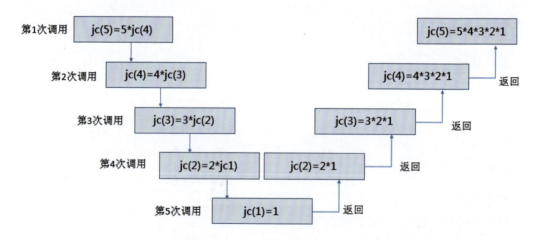

根据前面的分析，使用递归的方法编写程序如下所示，用来计算 5！。

```
def jc(n):
    if n==1:
        return 1
    else:
        return n*jc(n-1)
print(jc(5))
```

创新园

1. 写出下列程序段的运行结果

```
def showplus(x):
    print(x)
    return x + 1

num = showplus(6)
add = num + 2
print(add)
```

运行结果为：_____

_____

2. 写出下列函数的功能

```
def sum(n):
    if n <= 100 and n >= 0:
        return n +sum(int(n) - 1)
    else:
        return 0
print(sum(10))
```

函数 sum() 的功能是：_____

3. 修改、调试程序

下面这段代码也是用来求 n！的，其中标出的地方有错误，快来改正吧！

```
def jc(n):
    if n > 0:        ——❶
        exit()
    sum = 0          ——❷
    for i in range(1, n+1):
        sum *= 1     ——❸
    print(sum)
    return
a=int(input('请输入一个数：'))
jc(a)
```

错误 1：_____ 错误 2：_____ 错误 3：_____

第 7 章

字符串串滋味香

计算机的工作总是给我们的生活带来许多惊喜和乐趣，这当然归功于计算机能够处理不同类型数据的能力。字符串是计算机擅长驾驭的一种数据类型，用丰富的方法可以解决许多与字符有关的有趣问题。

经过前面章节的体验和学习，相信你正享受着愉快的 Python 编程之旅，接下来我们一起探索字符串及其相关的操作方法，在 Python 中玩转不一样的字符串。

 学习内容

- 字符串变形
- 字符串操控
- 格式化输出

7.1 收放自如——字符串变形

在 Python 语言中，将由 0 个或多个任意符号组成的字符放置在一对英文引号内，Python 就认为它是字符串。字符串一旦被定义，就是一个有序的序列，不再发生改变，但是通过字符串运算和切片处理，字符串将会经历长长短短的变形过程。

■ 7.1.1 比翼连枝——拼接字符串

"物以类聚，人以群分"，字符串也有孤单的时候，它渴望有一种缘分可以帮助它找到一起玩耍的伙伴，于是字符串的运算符"+"和"*"出现了。

- +(连接)
- *(复制)

"+"和"*"在前面数值类型数据的运算中，是求和与求积的运算，这里它们参与字符串类型数据的运算，其功能发生了变化。

> "+"运算：连接字符串。例如，'Python'+'我来了'=='Python我来了'。
>
> "*"运算：复制字符串若干次。例如，'学习'*2=='学习学习'。

案例1 成语接龙

王方同学特别喜欢玩成语接龙游戏，找不到同学一起玩时，他就想用 Python 语言编制一个成语接龙的游戏，只要玩家输入成语，程序就会把所有输入的成语拼接起来输出，显示拼接的长"龙"。

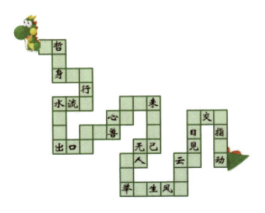

扫一扫，看视频

研究室

1. 思路分析

程序的接龙效果是将下一个成语紧接着上一个成语输出，依次"接"出"长龙"。如果每个成语看成一个字符串，那么程序实现接龙，实际上就是字符串的拼接。

2. 算法描述

第一步：输入第 1 个成语。

第二步：分别输入第 2 至 n 个成语。

第三步：输出连接运算后的 1 至 n 个成语。

工作坊

1. 编程实现

代码清单 7-1-1a：成语接龙

```
chengyu =input('请输入一个四字成语：')
for i in range(3):
    next=input('接上一成语，再输入一个成语：')
    chengyu += next
print (chengyu)
```

2. 运行调试

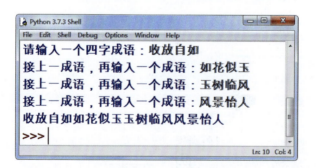

提示 游戏带给玩家的体验很重要，能否借助前面章节中程序结构的相关知识对程序进行控制优化呢？

3. 答疑解惑

input 函数的值是字符串类型，可以对变量 chengyu 和 next 进行"+"运算，实现字符串连接。其中赋值语句 chengyu+=next 等同于 chengyu=chengyu+next。

案例2 真心话大冒险

编制计算机程序模拟"真心话大冒险"游戏：玩家回答程序提出的问题，程序负责将玩家的回答连接，并重复3次输出。

扫一扫，看视频

研究室

1. 思路分析

连接玩家回答的问题，可以用字符串"+"运算实现，如何让玩家的回答拼接后重复3次输出呢？重复"+"3遍吗？可以，但是麻烦。观察右边的字符串"*"运算示例，是不是可以推理出案例2中将真心话重复3次输出的方法？

```
>>> 'Python'*1
'Python'
>>> 2*'有趣'
'有趣有趣'
>>> '6'*3
'666'
>>>
```

2. 算法描述

第一步：输入问题的答案。
第二步：对答案做"+"和"*"运算。
第三步：输出运算结果。

工作坊

1. 编程实现

代码清单 7-1-1a：真心话大冒险

```
str1=input("你生命中最重要ta是：")
str2=input("你最想对ta说的是：")
print((str1+str2+'!')*3)
```

2. 运行调试

分别输入"Python"和"我们相见恨晚"，运行结果如图所示。

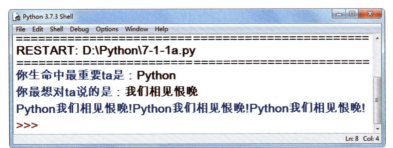

3. 答疑解惑

在字符串运算中，如果连接(+)运算和复制(*)运算同时出现，遵守的运算规则是先 * 后 +，如果有括号则括号里运算优先。

> **提示** 字符串 *n==n* 字符串，都是把字符串复制 n 次，n 是正整数，如果 n 是 0 或负数，则复制的结果为空字符串。

知识库

1. 字符编码

字符在计算机内部存储有多种编码方式，最早的字符编码采用的是 ASCII 码，它只对我们熟悉的 10 个数字、26 个英文字母的大小写和一些常用符号进行了编码，最多只表示 256 个字符。

随着信息技术的发展，256 个字符显然不能满足各个国家在网络传输过程中共享和交换信息时的需求，由于各国的文字都需要进行编码，所以在不同的应用领域出现了更多的编码格式。目前 Python 3.x 默认使用的就是 UTF-8 编码格式，UTF-8 又称万国码，使用 1 到 6 个字节对全世界所有国家使用的字符都进行了编码，是一种可变长的字符编码，当存储英文时只使用一个字节，能够和谐地支持中文字符。

2. 字符串拼接

在 Python 中字符串的拼接有多种方式，除了用 "+" 和 "*" 操作符拼接的方法以外，还有使用逗号拼接，以及使用 join 方法拼接等。

拼接方法	实例	运行结果	描述
str1+str2	>>> 'abc' + '123'	'abc123'	字符串 str1 和 str2 连接
str*n	>>> 'abc'* 2	'abcabc'	字符串 str 复制 n 次
print(str1，str2)	>>>print('a', 'b')	'ab'	字符串 str1 和 str2 连接输出
str1.join(str)	>>>'-'.join('hello')	'h-e-l-l-o'	将字符 str1 连接在 str 中每个字符之间

创新园

1. 阅读程序写结果

Print(5+8)　　　　　输出结果为：_____
Print('5'+'8')　　　　输出结果为：_____
Print('5'+8)　　　　　输出结果为：_____
Print(5*8)　　　　　　输出结果为：_____
Print('5'*8)　　　　　输出结果为：_____
Print('5'*'8')　　　　输出结果为：_____
Print('5'*0)　　　　　输出结果为：_____
Print('5'*（-8））　　输出结果为：_____

2. 问题思考

在 Python 中，算术运算符的加 (+) 和乘 (*)，在字符串处理中可以分别作为连接和复制运算，算术运算中的减号 (-) 和除号 (/) 能不能处理字符串呢？

7.1.2　断章取义——字符串切片

面包可以切片，香肠可以切片，字符串也可以。一个定义好的字符串可以通过切片操作断章取义，获取其中的一个或一段作为新的字符串使用，只切出其中一个字符又称为字符串索引。

- str[索引值](索引)
- str[索引值1:索引值2](切片)

如果用 str 定义一个字符串，则 str 中每一个字符都有一个座位号，即索引值。字符串中字符的索引值有两种编号方案。

正向索引：左边第一个字符的索引值为 0，往右依次为 1、2、3……

反向索引：右边第一个字符的索引值为 -1，往左依次为 -2、-3、-4……

索引值是怎么编号的呢？如果 str = "我是一个可爱的字符串！"，str 的索引值如下表所示，Str[0]==Str[-11]=="我"， Str[4:6]==Str[-7:-5]=="可爱"。

正向索引	0	1	2	3	4	5	6	7	8	9	10
字　符	我	是	一	个	可	爱	的	字	符	串	！
反向索引	-11	-10	-9	-8	-7	-6	-5	-4	-3	-2	-1

案例 3　秘密约定

小方收到同学小青从 QQ 发来的一大段文字和一组无规律数字(221、1-2、22、108、213、182-183、33、199、222、234)。小青提醒说:"依次找出相应位置的文字,就会发现一个秘密约定。"你能用 Python 语言编个程序,帮小方同学快速解读出这个约定吗?小青发来的文字段内容如下。

扫一扫,看视频

> 小方这是我给你写的一封密信,其中包含着一个我和你的神秘约定,就看你能不能解读出来了,下午放学后可以仔细研究一下,呵呵。提示一下,你用我给你的一组数字,依次提取这段文字中对应文字,串连起来就差不多了,我想得周到吧。这个约定到底和什么事情有关呢?我可不喜欢你用笨方法一个一个地数着文字去找,我希望你能用你学习的 Python 语言,编制一个小程序来解读出我们之间的秘密。我们到底是不是来电闺蜜,就看你电脑水平了。末了说一句:我的小影子,记得要不见不散哟!

研究室

1. 思路分析

小青给出的数字是字符在字符串中的实际顺序号,想办法按顺序把这些字符提取出来,就能解开这个秘密。由于字符串中字符的正向索引编号从 0 开始,比实际文字顺序号小 1,所以可以将小青提供的数字分别减 1 后,再作为索引值,对字符串进行切片操作,提取文字。

2. 算法描述

第一步:将小青的密信定义成字符串。
第二步:将小青提供的数字分别减 1 后,再作为索引值,对字符串切片。
第三步:连接切片结果并输出。

工作坊

1. 编程实现

代码清单 7-1-2:秘密约定

```
str="""小方这是我给你写的一封密信，
其中包含着一个我和你的神秘约定，就看你
能不能解读出来了，下午放学后可以仔细研
究一下，呵呵。提示一下，你用我给你的一
组数字，依次提取这段文字中对应文字，串
连起来就差不多了，我想的周到吧。这个约定
到底和什么事情有关呢？我可不喜欢你用笨方
法一个一个的数着文字去找，我希望你能用你
学习的Python语言，编制一个小程序来解读出
我们之间的秘密。我们到底是不是来电闺蜜，就
看你电脑水平了。末了说一句：我的小影子，记
得要不见不散哟！"""
print(str[220]+str[1:3]+str[21]+str[107]+str[212]+\
    str[182:184]+str[32]+str[198]+str[221]+str[233])
```

（换行符）

2. 运行调试

3. 答疑解惑

(1) 在字符串中，任何符号包括空格都是一个独立的字符，所以小青的那段文字，一定要原样复制，粘贴到代码窗口定义成字符串，否则会造成解读错误。

(2) 如果以小青给出的文字顺序号作为索引值对字符串提取，索引值超过索引范围报错；即便索引值不超出索引范围，字符提取结果也是错位的，不能解读出正确的"约定"内容。

> **提示**　字符串切片操作 str[索引值1: 索引值2]，是在 str 的指定范围内对字符串提取，提取范围是从"索引值1"到"索引值2"–1 所对应的字符。例如，str = "12345"，则 str[2:4]=="34"。

案例4　回文字符串

一个词语或句子如果正向读和反向读完全一样，产生首尾回环的效果，就叫作回文。例如，"处处红花红处处""重重绿树绿重重"都是回文。编写程序判断用户输入的字符串是不是回文字符串。

扫一扫，看视频

研究室

1. 思路分析

根据回文的定义，判断一个字符串是否回文，就应该比较字符串正向顺序和反向顺序是否一样。如何获取原字符串的反向顺序字符，重新组成一个新字符串呢？用循环结构将每个字符逐个索引出来，再拼接吗？可以，但是使用字符串的高级切片操作 str[::-1]，可以快速将字符串 str 产生一个反向顺序的字符串。

2. 算法描述

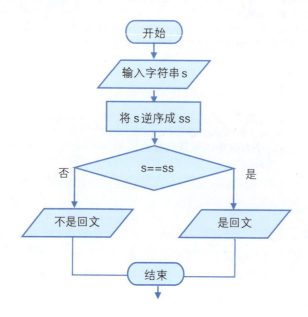

工作坊

1. 编程实现

代码清单 7-1-2a：回文字符串

```
str = input('请输入一句话:')
if str == str[::-1]:
    print('是回文')
else:
    print('不是回文')
```

2. 运行调试

第 1 次运行程序：输入 abcba。

第 2 次运行程序：输入 12323。

3. 答疑解惑

字符串切片操作 str[::-1] 对应的格式为：str[索引值1: 索引值2: 步长]，这里参数"索引值1"和"索引值2"同时省略代表切片范围是整个字符串；"步长"为 -1，-1 代表切取字符串的顺序是从后往前，1 代表每次切出一个字符，所以 str[::-1] 是将整个字符串从后往前，逐个字符地依次切出，也就是将字符串 str 反向输出。

 知识库

1. 字符串切片

Python 字符串切片操作格式：str[索引值1: 索引值2: 步长]。参数"索引值1""索引值2"决定切片的范围是从"索引值1"到"索引值2"-1 所对应的字符；"步长"参数决定切取字符的顺序和规律，步长为正，从前往后，步长为负，从后往前；步长的绝对值代表每次切取的字符个数；步长为 1 时可以省略步长参数。

如果 str = "我是一个可爱的字符串！"，用 str[m:n:k] 表示对字符串 str 的切片运算，观察运算结果。

运算	实例	说明
str[m]	str[1]=="是"；str[-1]=="！"	获取 str 中索引值为 m 的字符
str[m:n]	str[7:10]==str[-4:-1]=="字符串"	获取 str 中索引值从 m 到 n-1 的字符
str[m:]	str[4:]=="可爱的字符串！"	获取 str 中索引值从 m 到结尾的字符
str[:n]	str[:4]=="我是一个"	获取 str 中从开始到索引值为 n-1 的字符
str[:]	str[:]=="我是一个可爱的字符串！"	获取 str 中原本所有字符
str[::-1]	str[::-1]=="！串符字的爱可个一是我"	将 str 中字符逆序
str[m:n:k]	str[1:10:2]=="是个爱字串" str[1:10:-2]==""(空字符串) str[10:1:-2]=="！符的可一" str[10:1:2]==""(空字符串)	从索引值 m 开始，每隔 k-1 个字符获取一个，直到索引值为 n-1 结束。k 为正，正向索引；k 为负，反向索引

2. 转义字符

在案例 3 的代码清单 7-1-2 中，有一个字符"\"出现在行尾，叫续行符。在 Python 字符串中，在某些特定的符号前面加上"\"之后，该字符会被解释为另外的含义，不再代表本来的字符，这就是转义字符。例如，"\n"代表换行符；"\r"代表回车；"\b"代表退格；"\\"代表反斜线 \；"\'"代表单引号'；"\""代表双引号"等。

173

创新园

1. 阅读程序写结果

```
str = 'l2s l5l4ooovv4eeby eryo3ou2u95 nif;$o43rsfec6ve0er9rqw!'
print(str[::3])
```

程序输出结果是：
_____

2. 填写代码完善程序

12 个月份的英文单词的缩写，可以用该单词的前 3 个字母配上英文句号表示，将下面实现英文月份缩写的代码补充完整。

```
yuefen = input('请输入月份的英文单词')
#输出月份的缩写形式
_____
```

3. 填写代码并完善程序

如果某同学的身份证号码 IDCARD="123456199909180616"，获取其出生日期的字符串操作为：_____。

7.2 当家做主——字符串操控

前面一节，字符串经历了拼接和截取等活动，演绎了一场字符串变形记。本节大家当家做主，借助 Python 提供的字符串处理函数和方法，让字符串乖乖听从指挥吧！

7.2.1 用兵点将——字符串查询

字符串查询是最频繁的字符串操作之一，字符们已经一字排开，列队待命，请看点将神器。

- find(查找)
- count(计数)
- in(包含)
- not in(不包含)

find() 和 count() 都是 Python 中的字符串处理方法。find() 用来查找子字符串在母字符串指定范围(默认是整个字符串)中首次出现的索引值，如果不存在则返回 –1。count() 用来统计子字符串在母字符串中出现的次数，如果不存在则返回 0。

格式：

' 母字符串 '.find(' 子字符串 '，索引值 1，索引值 2)

' 母字符串 '.count(' 子字符串 ')

案例 5　评选优秀学生

学期末学校评选优秀学生，在每次教学活动中，学生的表现被评价为 A(优)、B(良)、C(合格)3 个等级，如果学生在本学期 5 次活动中，没有出现过 C 等，并且有连续 3 次 A 等，则该学生被评为优秀学生。例如，ABABC：不优秀；AAABB：优秀；CAAAB：不优秀；ABCDE：提示重新输入。

用 Python 编制程序：根据输入的等级，判断学生是否优秀。

扫一扫，看视频

研究室

1. 思路分析

程序要解决的问题是根据用户输入的等级字符串，查询影响评优的子字符串是否存在。针对用户输入情况首先判断用户是否是正常的输入，如果是正常输入，则查询输入字符串中是否有 C 和 AAA，根据查询结果，判断是否优秀。如果不是正常输入，则应该提醒用户正确输入。

2. 算法描述

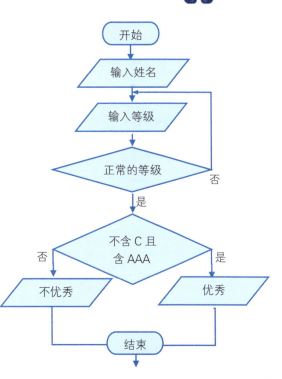

工作坊

1. 编程实现

代码清单 7-2-1：评选优秀学生

```python
name=input('请输入你的姓名：')
s=input('请输入你的5次评价等级：')
ss=s.upper()                       # 将字符串 s 转换成大写字母
m=ss.find('AAA')                   # 查询'AAA'在字符串 ss 中的索引值
n=ss.find('C')                     # 查询'C'在字符串 ss 中的索引值
if (ss.count('A') +ss.count('B')+ss.count('C'))==5: # 5个字母只含'ABC'
    if m!=-1 and n==-1 :           # 判断是否含有'AAA'且不含'C'
        print(name+'表现优秀！')
    else:
        print(name+'需要努力！')
else:
    print('请正确输入5个ABC等级！')
```

2. 运行调试

第 1 次运行程序，分别输入：宣宣、AaAbb，查看程序执行结果。
第 2 次运行程序，分别输入：方方、ababc，查看程序执行结果。
第 3 次运行程序，分别输入：青青、ABCDE，查看程序执行结果。

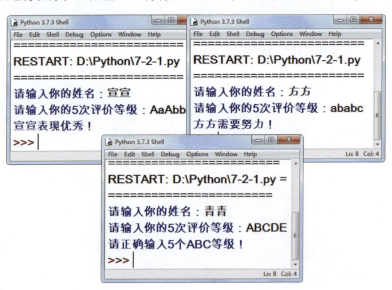

3. 答疑解惑

(1) 在 Python 语言中，字母大小写是区分的，所以 ss=s.upper() 语句将用户输入的字母等级统一为大写字母，目的是简化判断条件，不用列举用户可能的大小写字母输入情况。

(2) 如何判断用户是否正常输入 5 个 ABCDE 等级呢？用 count() 方法分别统计出字母 A、B、C 出现的个数，总个数为 5，即是正常输入。

(3) 判断字符 C 是否存在于 5 个等级的字符串中，可以借助 find() 方法的索引值进行判断，如果不在，则索引值为 –1。

(4) 判断字符 AAA 是否存在于 5 个等级的字符串中，也是借助 find() 方法的索引值进行判断，这里我们并不需要查询具体的索引值，只判断其索引值是否为 –1，不为 –1 即包含 AAA 字符串。

案例 6　成员查询

学校网站上公布了参加 2020 年学校元旦联欢晚会的入选演员名单，参加海选的同学都急切想知道自己是否被选中。用 Python 编制一个小程序，帮助同学从众多的名单中查询自己的入选结果。

1. 思路分析

在数量规模很大的字符中寻找某个特定的字符，如果靠人工、靠眼力查找，还是很伤眼费时且没有把握的。有没有一种方法，不用众里寻她千百度，只要蓦然回首，那人却在灯火阑珊处？应用 Python 中字符串的包含判断——in 操作，判断所查姓名是否包含在总体名单中，根据包含与否的结果，就可以获取查询结果。

2. 算法描述

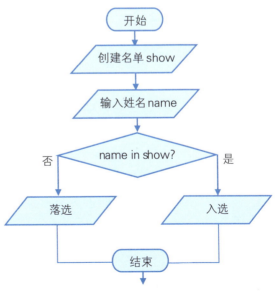

工作坊

1. 编程实现

代码清单 7-2-1a：成员查询

```
show ='2020年元旦晚会演出名单：赵一,钱二,孙三,李四……'
name=input('请输入要查询的姓名：')
if name in show:
    print('恭喜'+name+'！榜上有名！')
else:
    print('抱歉'+name+'！下次争取！')
```

2. 运行调试

第 1 次运行程序，输入：李四，查看程序执行结果。

第 2 次运行程序，输入：王五，查看程序执行结果。

3. 答疑解惑

在 Python 语言中，in 操作可以方便地查询出一个字符串是否存在于另一个字符串中。方法是 str1 in str2 或 str1 not in str2，判断结果只有 False 和 True 两种情况。

知识库

1. 字符串查找方法

Python 中用于查找字符串的方法很多，除了案例 5 和案例 6 中介绍的 find()、count()、in 操作以外，还有和它们同系列的 rfind()、index()、rindex()，对比一下它们的查找功能。

查询方法	功能描述
str.find(str1)	查找，返回 str1 在 str 中首次出现的索引值；若找不到，返回 -1
str.rfind(str1)	查找，返回 str1 在 str 中最后一次出现的索引值；若找不到，返回 -1
str.index(str1)	查找，返回 str1 在 str 中首次出现的索引值；若找不到，程序报错
str.rindex(str1)	查找，返回 str1 在 str 中最后一次出现的索引值；若找不到，程序报错
str.count(str1)	计数，返回 str1 在 str 中的个数

2. 字符串的 in 操作

字符串是由0个或多个字符组成的有序序列，可以使用 x in str 或 x not in str 格式来判断字符串 x 是否是字符串 str 的子串，以便判断是否是成员关系。这种格式经常搭配循环结构使用，方便对字符串进行查找等操作。

```
>>> 'love' in 'my love'
True
>>> 'Love' in 'my love'
False
>>> 'Love' not in 'my love'
True
>>>
```

💡 创新园

1. 填写代码完善程序

用 count() 方法和 in 操作，写出案例5 中优秀学生的判断条件。

```
name=input('请输入你的姓名：')
s=input('请输入你的5次评价等级：')
ss=s.upper()                    # 将字符转换成大写
if (ss.count('A') +ss.count('B')+ss.count('C'))==5 :
    if _____ :
        print(name+'表现优秀！')
    else:
        print(name+'需要努力！')
else:
    print('请正确输入5个ABC等级！')
```

2. 阅读程序写结果

```
str='Life is wonderful!'
print(str.find('i'))
print(str.count('i'))
print('i' not in str)
```

输出结果分别为：_____；
_____；
_____。

7.2.2 偷梁换柱——字符串替换

在 Word、WPS 等文字处理软件中，对文本编辑时常会用到文本替换功能，Python 的字符串操作也有字符替换这项功能。

- ✓ replace(替换)
- ✓ maketrans(创建替换规则)
- ✓ translate(根据规则替换)

replace() 方法适合替换单个字符串。方法 maketrans() 和 translate() 搭配使用，maketrans() 先创建替换规则，translate() 根据规则可以同时替换多个字符。

> 格式：str.replace(str1,str2,n)
>
> 功能：用字符串 str2 替换掉 str 中包含的字符串 str1，替换 n 次。
>
> 格式：$\begin{cases} str0=str.maketrans(str1,str2,str3) \\ str123.translate(str0) \end{cases}$
>
> 功能：将字符串 str123 按 str0 的规则替换字符；str0 的规则是删除字符 str3，将 str1 中的字符分别替换成 str2 中的字符，str2 和 str1 长度相同，字符一一对应替换。

案例 7　回避敏感词

高考作文中不允许出现考生姓名、学校、地名等信息。用 Python 编制程序：回避敏感词，将作文中的"方方""颍上第一中学""安徽"替换成"****"。

扫一扫，看视频

研究室

1. 思路分析

程序要解决的问题是将字符串中的"方方""颍上第一中学""安徽"等词语先查询出来，再替换成"****"。replace() 方法只能解决替换一个字符串的问题，如何将查询出的所有敏感词语同时完成替换呢？这需要将每个敏感词作为各自独立的元素分别和作文中的字符串对比，用循环结构实现分别替换。

2. 算法描述

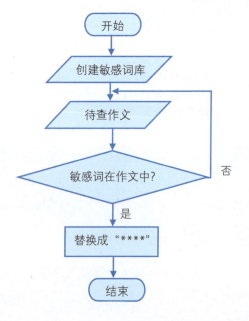

工作坊

1. 编程实现

代码清单 7-2-2：回避敏感词

```python
minganci=['方方','颍上第一中学','安徽'] #创建敏感词列表
zuowen='方方来自安徽省颍上第一中学……'
for mingan in minganci:
    if mingan in zuowen:
        zuowen=zuowen.replace(mingan,'****')
print(zuowen)
```

2. 运行调试

3. 答疑解惑

(1) 字符串中的单个字符是最小元素，案例 7 中的敏感词不是单个字符，要将各个敏感词作为独立元素，所以建立敏感词列表，列表创建的知识将在第 8 章详细介绍。

(2) 案例 7 中语句 for mingan in minganci，可以依次获取列表 minganci 中的每一个敏感词元素。列表的元素查询在第 8 章也有介绍。

案例 8 排课表

新学期开始了，方方不喜欢这学期的课程安排。如果可以的话，她希望数学都换成信息，政治都换成美术，地理都换成音乐，历史、语文、英语都删除……想想而已，不过她还是用 Python 语言把课程表重新编排了一下。

扫一扫，看视频

研究室

1. 思路分析

"排课表"程序需要解决的是，将原课程表中某些学科名称替换成其他学科，并且删除不想要的学科。将原课程表看成一个字符串，则问题转变成字符串中

多个字符的替换和删除操作。Python 提供了字符串的 maketrans() 和 translate() 方法，组合使用可以完成多字符的替换和删除。maketrans() 负责建立替换规则，translate() 负责引用规则，实施替换。

2. 算法描述

第一步：将原课程表建立成字符串。
第二步：用 maketrans() 方法建立替换规则。
第三步：用 translate() 方法实施替换。
第四步：输出新课程表。

工作坊

1. 编程实现

代码清单 7-2-2a：排课表

```
schedule="""周一\t周二\t周三\t周四\t周五\n\
语文\t语文\t英语\t英语\t语文\n政治\t历史\t\
数学\t科技\t数学\n政治\t数学\t体育\t数学\t\
历史\n语文\t体育\t地理\t数学\t地理\n"""    # 转义字符"\t""\n""\" 实现 tab、换行、续行
old_schedule=schedule.expandtabs(10)    # 把"\t"转换为10个空格，生成新字符串 show
print('骨感现实：\n'+old_schedule)
new=str.maketrans('数学政治地理','信息美术音乐','历史语文英语')
new_schedule=schedule.translate(new)
print('丰满想像：\n'+new_schedule)
```

2. 运行调试

3. 答疑解惑

(1) 解读语句：new=str.maketrans('数学政治地理','信息美术音乐','历史语文英语')

删除字符："历""史""语""文""英""语"。

替换规则：数→信，学→息，政→美，治→术，地→音，理→乐。

(2) 解读语句：new_schedule=schedule.translate(new)

案例8 "排课表"中的字符串schedule，按照字符串new建立的规则进行替换，生成新的字符串new_schedule。

知识库

1. 字母大小写转换方法

方法	功能描述	示例转换结果
str.lower()	将字符串str中的字母全部转换成小写	my name is fangfang.
str.upper()	将字符串str中的字母全部转换成大写	MY NAME IS FANGFANG.
str.capitalize()	将字符串str中的首字母转换成大写	My name is fangfang.
str.title()	将字符串str中的每个单词的首字母转换成大写	My Name Is Fangfang.
str.swapcase()	将字符串str中的字母大小写互换	MY NAME IS fANGfANG.
假设：str='my name is FangFang.'		

2. 字符串综述

对字符串可以进行的操作有：双向索引、元素访问、切片、计算长度、成员包含判断等。同时，字符串还有它自己特有的用法，如字符串查找、替换、检测、排版等。检测的方法有isalnum()、isalpha()、isaldigit()等，用来测试字符串是否为数字或字母、是否全部为英文字母、是否全部为数字等。排版的方法有center()、ljust()、rjust()、zfill()等，可以让指定长度的字符串居中、左对齐、右对齐，以及当指定宽度大于字符串时可以指定字符填充等。

创新园

1. 填写代码完善程序

2. 阅读程序写结果1

```
str1='壹叁零壹肆零伍壹玖零'
str2=str.maketrans('零壹贰叁肆伍陆柒捌玖','0123456789','零伍玖')
print(str1.translate(str2) )
```

程序输出结果：_____

3. 阅读程序写结果 2

```
str1="Python's world is interesting!OOO"
print(str1)
str2=str.maketrans(",",'OOO')
print(str1.translate(str2) )
```

str2 替换规则：_____

程序输出结果：_____

7.3 情有独钟——格式化输出

编写程序让计算机解决问题，最终一定要有数据的输出，为了让输出更美观更易于阅读，就需要进行格式化处理。

7.3.1 当仁不让——我的地盘

如果要输出的内容由各自独立的几个部分组成，那么如何准确安排各自的输出位置呢？在 format() 格式化方法中，使用花括号 {} 作为占位符，确定输出的"地盘"。

✓ format(格式化)　　　　✓ {}(占位符)

format() 方法的应用格式中，"模板字符串"中的占位符 {} 和 format() 中的参数，默认状态按位置先后顺序对应，占位符就是给对应参数预留的位置。

格式：< 模板字符串 >.format(< 逗号分隔的参数 >)

例如：'{} 的意思是 {}！'.format('Python',' 蟒蛇 ')

输出效果：Python 的意思是蟒蛇！

📖 案例 9　明星档案

Python 界的明星是谁？用 Python 语言编制一个明星档案，带你认识创造 Python 编程语言的大神。

扫一扫，看视频

研究室

1. 思路分析

规划案例 9 中明星信息的输出模板，如上图，明星的姓名、生日、国籍、职业分别独立占一行。模板确定后，只需要在相关位置下填入对应信息。

2. 算法描述

第一步：将明星信息分别赋值到变量。
第二步：设计输出模板。
第三步：将变量值"装"到模板中。
第四步：输出模板完整信息。

工作坊

1. 编程实现

代码清单 7-3-1：明星档案

```
name='吉多·范罗苏姆'
birthday='1956年1月31日'
birthplace='荷兰'
occupation='程序员、作家'
print('Python创始人档案：\n姓名：{}\n生日：{}\n国籍：{}\n职业：{}'\
    .format(name,birthday,birthplace,occupation))
```

2. 运行调试

3. 答疑解惑

占位符 {} 默认顺序和 format() 参数顺序关系举例如下。

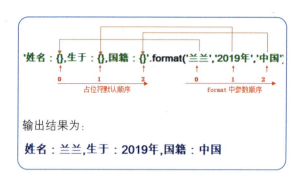

输出结果为:

姓名：兰兰,生于：2019年,国籍：中国

知识库

1. format 占位符

format 占位符的默认顺序为 0、1、2……，format 参数的顺序也是 0、1、2……，默认状态下，占位符引导 format 的参数值按顺序依次填入 {}，实现输出。占位符 {} 中也可以预先填入参数的顺序号，这样 {} 中将填入对应编号的参数值，如下所示。

```
>>> '{1}{0}{2}'.format('5月','2019年','1日')
'2019年5月1日'
>>>
```

2. format 参数

format 参数用逗号分隔，参数的顺序号以 0 开始编号，依次递增。参数可以是字符串类型数据，也可以是变量。如果参数是变量，则在 format 的对应占位符中填入变量值。

创新园

1. 填写代码完善程序

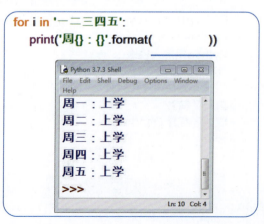

2. 阅读程序写结果

```
print('{2}\n{1}\n{0}\n'.format('one','two','three'))
```

输出结果：_____

7.3.2 锦上添花——文本排版

用 format() 方法进行格式化输出时，指定内容的输出位置可以通过占位符中的编号确定，输出内容的排版格式，可以在占位符中设置相应参数进行控制。

- {:＜填充＞＜对齐＞＜宽度＞}(格式控制参数)
- ＜、^、＞(左对齐、居中、右对齐)

占位符 {} 内部除了可以添加 format() 参数的顺序号外，还可以添加"格式控制参数"来控制输出内容的格式。格式控制参数有 6 个，这里只介绍控制排版的"填充""对齐"和"宽度"。

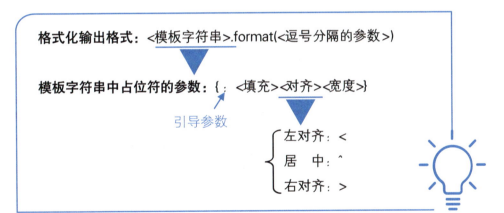

案例 10　学习计划表

Python 语言开源免费，代码精简又具有良好的可移植性，方方想制定一个学习计划进一步深入学习 Python。她决定采用 Python 字符串格式化方法，制作包含右图内容的学习计划。

扫一扫，看视频

研究室

1. 思路分析

观察计划表：首行和尾行文字居中，文字两边用"*"号点缀；第2~4行计划内容文字靠左对齐，时间安排文字靠右对齐，中间用"."点缀；整个表格宽度一致，整齐清晰。如何让文本输出如此有规矩呢？在format()格式化输出方法中，在占位符中设置相应的"填充字符""对齐"和"宽度"参数，可以实现需要的文本输出版式。

2. 算法描述

第一步：确定要输出的文本内容。
第二步：规划输出模板。
第三步：设定文本在模板中的位置和格式。
第四步：将格式化的文本"装"到模板中。

工作坊

1. 编程实现

代码清单7-3-2：学习计划表

```
head='Python学习计划表'
tail='每天坚持每天快乐'
work=['听网课','写代码','上论坛']
time=['1小时','2小时','1小时']
print('{:*^38}'.format(head))       # 文字居中,用*补充到38个字符宽度
for i in range(3):                   # 设置第2-4行文本输出格式
    print('{:<}{:.>44}'.format(work[i],time[i]))
print('{:*^36}'.format(tail))       # 文字居中,用*补充到36个字符宽度
```

2. 运行调试

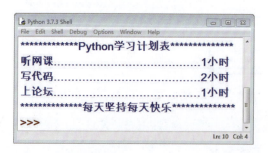

3. 答疑解惑

变量work和time定义的是列表类型，format方法中参数work[i]和time[i]通过for循环会被依次取出，列表元素的提取参看第8章。

知识库

1. 占位符中的格式控制参数

在 format 方法中，占位符 {} 出现在字符串输出模板中，占位符中的参数共有 6 个，用来确定输出的内容和内容呈现的格式，其中前 3 个参数用来设置文本排版格式，后 3 个参数主要用来对数值类型数据设置格式。数值的输出格式参数这里不做介绍。

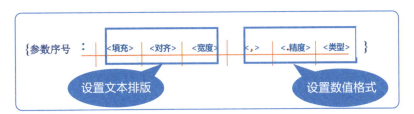

2. 格式控制参数省略的意义

占位符中格式控制参数 {＜填充＞＜对齐＞＜宽度＞} 可以自由搭配使用，如果"填充"参数省略，则用空格填充；如果"对齐"参数省略，则是左对齐；如果"宽度"参数省略，则不指定输出宽度。案例 10 中的语句：print('{:<}{:.>44}'. format(work[i],time[i]))，第 1 个占位符 {:<} 的作用是把文字"听网课""写代码""上论坛"左对齐。

创新园

1. 填写代码完善程序

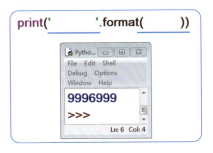

2. 阅读程序写结果

```
for i in range(5):
    print('{:^}'.format(i*'*'))
```

输出结果：_____

第 8 章

数据类型能分清

通过前面章节的学习，我们已经感受到 Python 中各种类型变量的重要性。随着程序变得越来越复杂，所需要的变量也越来越多，因此我们不得不考虑将一系列的字符串或数字等信息集中存储在一起，以便于以序列的方式来管理和组织，这就是我们在本章中要学习的新的数据类型——列表、元组和字典。

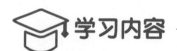

- 列表的创建与应用
- 元组的创建与应用
- 字典的创建与应用

8.1 一目了然——列表

我们日常生活中经常用到列表，如饭店里的菜单、联欢会上的节目表、语文书的目录等。Python 中的列表也是如此，把诸如菜名、节目名称、章节名称这样的信息集中存储在列表中，查找起来一目了然，非常方便。

8.1.1 井然有序——列表的创建和引用

列表与字符串一样，也是一种序列，可以使用列表来存放任意类型的元素。列表 list 是指用方括号 [ ] 括起来的数据类型。

- list(列表)
- item(元素)

列表中可以存放多个元素，这些元素可以是字符串或数字等，元素之间用逗号分隔。列表中每个元素都分配一个数字作为它的索引，用来表示元素在列表中的位置，第 1 个索引是 0，第 2 个索引是 1，以此类推。

格式：列表名=[元素1，元素2，元素3，……]
例如：week=['Mon.', 'Tues.', 'Wed.', 'Thur.', 'Fri.', 'Sat.', 'Sun.']

列表名 week[0] week[1] week[2] week[3] week[4] week[5] week[6]

案例 1　创建课程表

霍格沃兹魔法学校要开学了，这学期三年级的课程表已经排好了。请你用 Python 软件编写程序，创建列表记录周一至周五的课程，并打印输出在屏幕上。

扫一扫，看视频

研究室

1. 思路分析

魔法学校每周上 5 天课，周六和周日休息，因此要创建 5 个列表，分别记录 5 天的课程。

2. 算法描述

第一步：创建5个列表，分别输入周一至周五的课程。
第二步：创建一个总课程列表，包含周一至周五5个子列表。
第三步：打印课程表。

工作坊

1. 编程实现

代码清单8-1-1：创建课程表

```
#课程列表
Monday=['咒语','魔法棋','变形术']
Tuesday=['生物','读心术','飞行课']
Wednesday=['魔法史','天文','如尼文']
Thursday=['占卜','草药','天文']
Friday=['变形术','黑魔法','魔药']
schedule=[Monday,Tuesday,Wednesday,Thursday,Friday]
print('周一课程:',Monday)
print('周二课程:',Tuesday)
print('周三课程:',Wednesday)
print('周四课程:',Thursday)
print('周五课程:',Friday)
```

提示：创建的列表需要使用print语句打印才能在运行时显示，并且在打印时一个列表所有元素会用 [ ] 括起来。

2. 运行调试

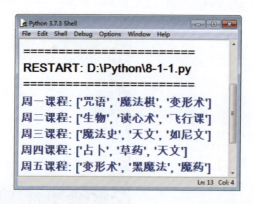

3. 答疑解惑

列表就好比是一个带有编号的储物柜，储物柜里存放的物品对应着每个元素，通过编号就能查找到对应的元素。有的时候，程序需要创建一个空的列表，则可以直接写为 schedule=[]，这样变量 schedule 就得到了一个空列表。

案例 2　查询课程表

最近一段时间，天气忽冷忽热，小方生病发烧了，需要到医院看病，他想查一查周一下午和周二上午是什么课，以便向授课老师请假。

扫一扫，看视频

研究室

1. 思路分析

在案例 1 中我们可以使用 print(列表名) 语句直接打印出整个列表，但是现在只要查询周一下午和周二上午的课程，这就需要使用列表名和索引来访问列表中的元素。课程表中下午是一节课，上午是两节课，因此打印周一下午的课程只需要对 Monday 列表进行索引，打印周二上午的课则需要对 Tuesday 列表进行切片。

2. 算法描述

第一步：创建课程列表。
第二步：打印周一下午的课程。
第三步：打印周二上午的课程。

工作坊

1. 编程实现

代码清单 8-1-2：查询课程表

```
# 查询课程表
Monday=['咒语', '魔法棋', '变形术']
Tuesday=['生物', '读心术', '飞行课']
Wednesday=['魔法史', '天文', '如尼文']
Thursday=['占卜', '草药', '天文']
Friday=['变形术', '黑魔法', '魔药']
schedule=[Monday,Tuesday,Wednesday,Thursday,Friday]
print('周一下午：',Monday[2])        # 输出周一下午的一节课
print('周二上午：',Tuesday[0:2]) # 输出周二上午两节课
```

> 获取列表中连续的一段元素，只需要指定起始和结束位置即可。Print(' 周二上午：',Tuesday[0:2]) 就是显示 Tuesday[0] 和 Tuesday[1] 两个元素。

2. 运行调试

3. 答疑解惑

在打印输出时，显示的周一下午和周二上午的课程格式不一样，这是因为周一下午是一节课，只打印显示一个列表元素，即一个字符串，而周二上午有两节课，截取了原 Tuesday 列表的一部分，也是一个列表，所以是用中括号 [ ] 括起来的一组数据。

4. 修改程序

查询课程表时，对于下午的课程，也可以认为是这一天的最后一节课，所以程序可以采用反向索引的方法进行查询,周一下午的"变形术"课就可以用 Monday[-1] 表示，周二上午的两节课则可以用 Tuesday[-3:-1] 表示。

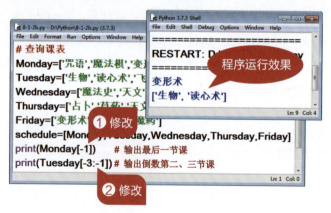

知识库

1. 列表索引

列表的索引方式和字符串一样，有正向索引和反向索引。用 i 表示索引编号，当 i 为正值时，"列表名 [i]"就表示从前往后数第 i+1 个位置的元素，i 从 0 开始。如"Monday[2]"就表示访问列表中的第 3 个元素。当 i 为负值时，表示倒数第 |i| 个元素。

2. 修改列表元素

修改列表元素的语法与访问列表元素的语法类似，即 list[i]= ' 修改后的值 '。例如，修改运动项目列表 sportslist 中的"立定跳远"为"坐位体前屈"，可以编写如下程序来实现。

```
sportslist = ['跳绳', '立定跳远', '800米跑']
sportslist[1] = '坐位体前屈'
print(sportslist)
```

修改

程序运行效果

```
['跳绳', '坐位体前屈', '800米跑']
>>>
```

创新园

1. 阅读程序写结果

写出下列语句在 Python 中的输出结果。

```
Monday = ['语文', '数学', '英语', '体育', '队会', '信息技术']
Tuesday = ['数学', '语文', '语文', '美术', '体育', '棋健']
Wednesday = ['语文', '数学', '英语', '科学', '写诵', '课外活动']
Thursday = ['数学', '语文', '品德', '英语', '信息技术', '综合实践']
Friday = ['语文', '数学', '品德', '体育', '科学', '音乐']
```

Print(Wednesday[1])　　　输出结果为：_____
Print(Wednesday[2:5])　　输出结果为：_____
Print(Thursday[-1])　　　输出结果为：_____
Print(Friday[-4:-2])　　　输出结果为：_____

2. 编写、测试程序

英国德比学校到方舟中学参观，方舟中学将举行一个小小的联谊会，请你编写程序，创建节目列表，并打印输出节目单。

表演节目：
　　英语短剧：《海的女儿》《仲夏夜之梦》
　　歌　　曲：《唱脸谱》《中国梦，我的梦》
　　曲　　艺：纸牌魔术、中国功夫、器乐合奏《友谊天长地久》

8.1.2 志同道合——插入新元素、合并列表

在我们的生活中，志同道合的人在一起就会更快乐。使用列表可以将同类型的数

据信息集成在一起，以便于有效地查询与管理。

✓ append(连接)　　　　✓ len(长度)

要给现有的列表添加新的元素，可以使用列表的 append() 方法来实现。

格式：list.append(新元素)
功能：在当前列表的末尾添加新的元素。

案例3　社团的新成员

机器人社团原来有6位学生：王一凡、邓中正、谢宇翔、王祺瑞、张永泰、史可妡。新学期，社团又招了4名新成员。请你设计程序，输入新来的学生姓名，添加到社团学生名单列表中，并统计出现在社团的总人数。

扫一扫，看视频

研究室

1. 思路分析

创建机器人社团的学生名单列表roboticsclub，现在添加新成员名单，可以使用列表的 append() 方法轻松实现，即 roboticsclub.append(新名字)，这是将新输入的名字追加到列表的末尾处。在本例中因为添加4位学生的姓名，需要重复输入并追加操作4次，像这样明确重复次数的情况，用 for 循环语句实现较为方便。

2. 算法描述

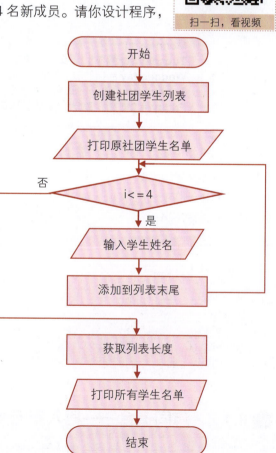

工作坊

1. 编程实现

代码清单 8-1-3：社团的新成员

```
#添加新成员
roboticsclub=['王一凡','邓中正','谢宇翔','王祺瑞','张永泰','史可欣']
n=len(roboticsclub)
print('原社团有',n,'名学生：',roboticsclub)
for i in range(1,5):
    print('请输入第',i,'名学生姓名：')
    newname=input()
    roboticsclub.append(newname)
n=len(roboticsclub)
print('现在机器人社团有',n,'名学生：',roboticsclub)
```

2. 运行调试

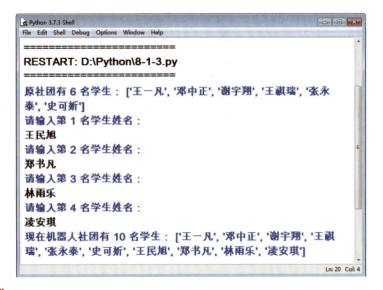

3. 答疑解惑

程序的第 3 行语句 n=len(roboticsclub) 使用了 len() 函数，它用来返回列表中元素的个数，在这里使用可以统计社团成员的人数。

4. 修改程序

为了增加程序的可读性，在第 5 行 print 语句添加一个参数，改为 print(' 请输入第 ',i,' 名学生姓名：',end='')。默认情况下，print 语句会在字符串末尾打印一个换行符，现在添加了 end='' 参数后，则指定在行末尾什么也不打印。

```
#社团新成员
roboticsclub=['王一凡','邓中正','谢宇翔','王禛瑞','张永泰','史可妡']
n=len(roboticsclub)
print('原社团有',n,'名学生：',roboticscl
for i in range(1,5):
    print('请输入第',i,'名学生姓名：',end='')
    newname=input()
    roboticsclub.append(new
n=len(roboticsclub)
print('现在机器人社团有',n,'
```

修改

程序运行效果：
请输入第 1 名学生姓名：王民旭
请输入第 2 名学生姓名：郑书凡
请输入第 3 名学生姓名：林雨乐
请输入第 4 名学生姓名：凌安琪

案例4　合二为一

科技馆举办了一场细菌画比赛，要用细菌在培养基平板上绘制图案。方舟中学的美术刘老师推荐了6名擅长绘画的学生(刘天毅、郑传昊、刘思恬、王钱晨、俞杨、陶思雨)，生物张老师推荐了6名生物学科优秀的学生(王钱晨、杨梦露、陶思雨、黄浩宇、周兴国、童薇)参赛。请你编写程序，将两份名单合二为一，得到方舟中学最终参加细菌画比赛的名单，注意删除其中重复的学生姓名。

扫一扫，看视频

研究室

1. 思路分析

要将两份名单合成，同时删除其中重复的姓名，可以先将绘画优秀生列表 pclub 赋值给细菌画参赛学生列表 finalclub，接着遍历生物优秀生列表 bclub 的元素，如果在绘画生 pclub 列表中没有相同姓名，则追加到最终参赛 finalclub 列表中。

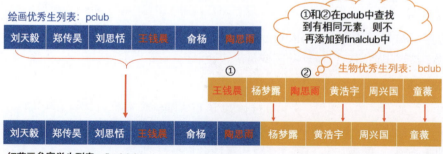

2. 算法描述

第一步：创建绘画优秀生列表 pclub 和生物优秀生列表 bclub。

第二步：将绘画生列表 pclub 赋值给最终列表 finalclub。

第三步：遍历生物优秀生 bclub 列表，如果该学生在生物生列表中，不在绘画生列表中，则添加到最终参赛名单列表 finalclub 中。

第四步：打印合成的最终参赛学生名单。

🏛 工作坊

1. 编程实现

代码清单 8-1-4：合二为一

```
#合二为一
pclub=['刘天毅','郑传昊','刘思恬','王钱晨','俞杨','陶思雨']
bclub=['王钱晨','杨梦露','陶思雨','黄浩宇','周兴国','童薇']

finalclub=pclub
for student in bclub:
    if student not in pclub:
        finalclub.append(student)
s1='、'.join(str(n) for n in finalclub)
print('参加细菌画比赛的选手为：',s1)
```

2. 运行调试

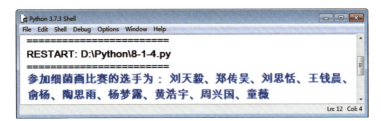

3. 答疑解惑

在程序中使用了 s1='、'.join(str(n) for n in finalclub) 将 finalclub 列表中的所有元素转换成了以顿号相连的字符串，这样在打印显示的时候，就不再出现中方括号和单引号。

💡 创新园

1. 阅读程序写出结果 1

```
list1=[1,2,3]
list1.append(5)
print(list1)
list1.append([4,5,6])
print(list1)
```

运行结果为：_____

_____

2. 阅读程序写出结果 2

```
>>>['a','b','c']+['d','e']
>>>[1,2,3]*3
>>>8 in [5,6,7]
```

运行结果为：_____
运行结果为：_____
运行结果为：_____

3. 编写、测试程序

编写程序，从书单列表中不断选择书本加入购物列表，直到输入 q 时退出，并打印出所选的书本。

8.1.3 当机立断——查找删除列表元素

在列表操作中，有时会需要删除重复的元素或是指定值的元素，可以使用 remove() 方法，它是根据元素本身来执行删除操作的，并且只删除第一个查找到的元素。

- max(最大)
- min(最小)
- remove(删除)
- sum(求和)

在列表中，可以通过 max() 和 min() 函数直接找出最大值和最小值。通过 remove() 方法删除列表中的元素，其语法格式如下。

格式：list.remove(x)
功能：删除列表中第一次出现的和 x 相同的值。
 x 是指列表中要移除的对象。

案例 5　百里挑一

艺术节学校举行校园歌唱比赛，有 7 个评委打分，去掉 1 个最高分和 1 个最低分，剩下 5 个评分的平均值就是该选手的最终得分。现在评委给小方同学的打分是 98、87、78、93、75、92、90，请你设计程序，打印出最高分、最低分，以及最终得分。

扫一扫，看视频

研究室

1. 思路分析

根据题意要求，计算出选手的最终得分，需要找出并删除评分中的最高分和最低分，然后求出剩下 5 个分数的平均分即可。

2. 算法描述

第一步：创建 7 个评委的分数列表。
第二步：找出最大值和最小值。
第三步：在列表中删除最大值和最小值。
第四步：求列表中剩下所有数的平均值。

工作坊

1. 编程实现

代码清单 8-1-5：百里挑一

```python
# 百里挑一
score = [98, 87, 78, 93, 75, 92, 90]
a=max(score)
b=min(score)
print('去掉一个最高分', a)
score.remove(a)  # 删除第一次出现的最高分
print('去掉一个最低分', b)
score.remove(b)  # 删除第一次出现的最低分
average=sum(score)/len(score)
print('最终得分是：',average)
```

2. 运行调试

3. 答疑解惑

在该程序中计算选手得分采用的方法是，先删除列表中的最大值和最小值，再用 sum(score) 求出列表中所有分数的和，用 len(score) 求出列表中元素的个数，用分数总和除以个数得到平均分。如果不修改删除列表中的元素，用列表函数也可以实现，此时求平均值的代码就变为：average=(sum(score)−max(score)−min(score))/(len(score)−2)。

创新园

1. 阅读程序写出结果

```
score = [78, 54, 98, 57, 78, 93, 75, 92, 98, 52]
print('成绩最好的是', max(score))
print('成绩最差的是', min(score))
```

输出：_____ _____

2. 编写、测试程序

编写程序，遍历书名列表 book，删除其中重复的书名，打印输出最终书名列表。

知识库

1. del 删除指定元素

使用 del 语句也可以用来删除列表中的元素。del list[i]，即删除列表 list 中索引值为 i 的元素。

```
s=['apple','cherry','fig','grape']
ss='、'.join(str(n) for n in s)
print(ss)
del s[1]    # 删除列表中第 2 个元素
ss='、'.join(str(n) for n in s)
print(ss)
del s[-1]   # 删除列表中倒数第 1 个元素
ss='、'.join(str(n) for n in s)
print(ss)
```

程序运行效果

2. 函数

格式	说明
len(lst)	返回列表 lst 的长度
max(lst)	返回列表 lst 元素中的最大值
min(lst)	返回列表 lst 元素中的最小值
list(tuple1)	将元组转换为列表

8.2 包罗万象——元组

元组是由简单的对象构成的，它与列表基本相同，最大的区别是元组中的元素不能更改。这种不可变性可以确保元组在程序中不会被修改，常用来处理一些固定关系的问题。

8.2.1 运筹帷幄——创建和引用元组

元组与列表类似，不同之处在于元组只能查看，不能修改；在定义时，列表使用中括号，而元组使用小括号。

- tuples(元组)
- index(索引)

元组里的每个元素用逗号分隔，下标索引也是从 0 开始。空元组用 () 表示，当元组只包含一个元素时，则用 (x ,) 表示，逗号不能省略。

格式：元组名 =(元素 1, 元素 2, 元素 3, ……)
例如：scores=(98, 87, 66, 90, 89, 73, 95)

案例 6　查询跳远成绩

学校运动会的跳远项目结束了，同学们急切地想查询自己的成绩。你能使用元组的方法编写一个程序，让参赛的同学快速查询到自己的成绩吗？

扫一扫，看视频

运动会跳远成绩

刘天一	197 cm
郑传昊	234 cm
崔子豪	266 cm
朱宇豪	251 cm
刘思恬	247 cm
阮颖曈	234 cm
俞杨	237 cm
张强	226 cm

研究室

1. 思路分析

学校运动会的成绩一旦输入，一般是不能修改的，因此用元组来创建比较合适。我们用两个元组来存放参赛选手的姓名和成绩，保证姓名和成绩的位置一一对应，以便于通过相同的索引来查找姓名和成绩。

2. 算法描述

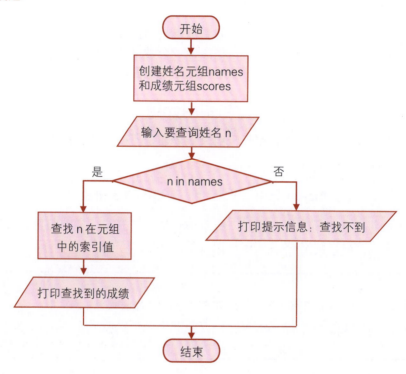

🏛 工作坊

1. 编程实现

代码清单 8-2-1：查询跳远成绩

```
#查询跳远成绩
names = ('刘天一', '郑传昊', '崔子豪', '朱宇豪', '刘思恬', '阮颖瞳', '俞杨', '张强')
scores = (197, 234, 266, 251, 247, 234, 237, 226)

print('请输入要查询同学姓名：')
n = input()
if n in names:
    i = names.index(n)  # 找出 n 在 names 元组中的位置
    print(n, '同学的跳远成绩是', scores[i], 'cm')
    # scores 元组中对应位置的值为该同学的跳远成绩
else:
    print('没有查询到此同学。')
```

2. 运行调试

3. 修改程序

在"8-2-1.py"程序中，如果输错，就只能重新运行程序再执行查询，因此需要改进。通过循环让用户不断输入要查询的姓名，直到输入 q 时退出。

代码清单 8-2-1a：查询跳远成绩

```
names = ('刘天一', '郑传昊', '崔子豪', '朱宇豪', '刘思恬', '阮颖瞳', '俞杨', '张三')
scores = (197, 234, 266, 251, 247, 234, 237, 226)

while True:
    print('请输入要查询同学姓名（q退出）：')
    n = input()
    if n=='q' or n=='Q':# 输入 q 时退出程序
        break
    if n in names:
        i = names.index(n)
        print(n, '同学的跳远成绩是', scores[i], 'cm')
    else:
        print('没有查询到此同学。')
```

知识库

1. 末尾的逗号

在包含多个元素的元组中，末尾可以添加逗号，也可以不加。例如，(a,b,c) 和 (a,b,c,) 是一样的。但在单个元素的元组中，末尾的逗号必须要写。如果省略单元素元组末尾的逗号，就不是元组，而是用圆括号括起来的表达式。

2. 使用 tuple() 函数创建元组

使用元组的 tuple() 函数可以将任意序列类型转换为元组。tuple() 函数的参数可以是字符串、列表等其他序列类型的数据结构，但只能有一个参数。

创新园

1. 阅读程序写出结果

```
tup1 = ('physics', 'chemistry', 2008, 2016)
tup2 = (1, 2, 3, 4, 5, 6, 7 )

print( 'tup1[0]: ', tup1[0] )
print ( 'tup2[1:5]:', tup2[1:5] )
```

输出：_____ _____

2. 编写、测试程序

创建 5 种奶茶及其价格的元组，然后查询第 4 种是什么奶茶，同时打印出其对应的价格。

8.2.2 出类拔萃——修改元组

元组创建后，其中的元素是不允许更改删除的，如果要对元组进行修改，则需要通过 list() 函数将元组转换为列表，再进行修改。

格式：list (元组名)
例如：tuple = (a, b, c, d, e, f, g)
　　　list (tuple)

案例 7　修改校运动会记录

一年一度的校运动会圆满结束了，在这次运动会上创造了许多佳绩，破了多项记录。请你编写程序，查询往年的记录，如果今年的最好成绩超过了去年的记录，则修改更新学校运动会记录。

扫一扫，看视频

校运动会记录

项目	100米	400米	800米	1000米	跳远	跳高	铅球	实心球
记录	0′24″80	0′55″96	2′17″90	2′17″90	5.78米	1.68米	1.68米	14.1米

研究室

1. 思路分析

学校运动会的记录是用元组创建的，现在要修改，需要将元组转换成列表，修改后再转换回元组。修改运动会记录时，则是通过询问的方法，输入要更改的项目和记录。

2. 算法描述

第一步：输入新记录。
第二步：将元组转换成列表。
第三步：修改列表中的记录。
第四步：再将列表转换成元组。

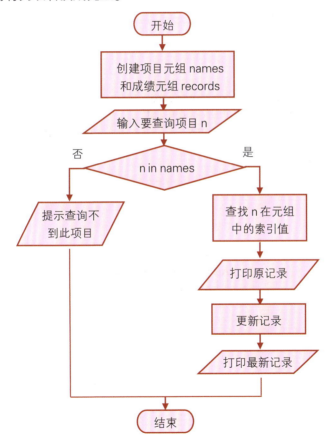

工作坊

1. 编程实现

代码清单 8-2-2：修改校运动会记录

```
recordname = ('100米', '400米', '800米', '1000米', '跳远', '跳高',
            '铅球', '实心球')
records = ( '0\'24\"80', '0\'55\"96', '2\'17\"90', '3\'00\"18', '5.78米',
          '1.68米', '11.67米', '14.1米')

print('请输入要查询的项目名：')
name = input()
if name in recordname:
    i = recordname.index(name)
    record = records[i]
    print(name, '目前的校记录是', record)
    print('需要更新此记录吗？(y/n)')
    yes = input()
    if yes == 'y' or yes == 'Y':
        print('请输入新的记录：')
        newrecord = input()
        newrecords_list = list(records)
        newrecords_list[i] = newrecord
        records = tuple(newrecords_list)
        print('更新完毕！', name, '新的校记录是', records[i])
else:
    print('查询不到此项目!')
```

2. 运行调试

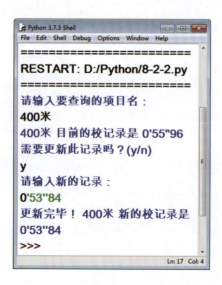

3. 答疑解惑

在该例中，元组中的元素不能直接修改。如果直接修改 records 元组中的第 2 个元素，则会出现错误提示，即"8-2-2a.py 程序第 6 行语句 records[1]=newrecord 出现错误，元组对象不支持元素的修改"。

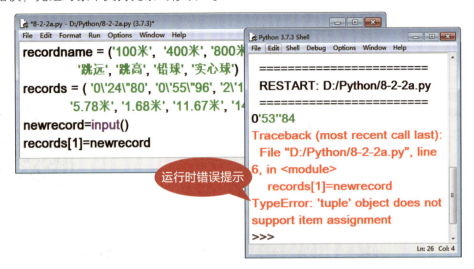

运行时错误提示

创新园

1. 阅读程序写出结果

```
t1 = tuple(('a', 'b', 'c'))
print('t1 : ', t1)
t2 = ('a', 'b', 'c')
print('t2 : ', t2)
t3=list(t2)
t3[1]='e'
print('t3 : ', t3)
```

打印结果为：_____
_____
_____

2. 思考题

请你说说 list() 函数和 tuple() 函数的区别与联系。

8.2.3 神机妙算——遍历元组

要想做到神机妙算，只有全面掌握了所有情况，才能在复杂的变化情势下，巧妙计谋，决定策略。在 Python 中，可以使用 for 循环遍历元组中的所有数据，以解决复杂问题。

格式：for item in tuple:
　　　　print (item)

案例 8　你来自哪颗星

你来自哪颗星？方舟同学最近学会了读心术，依次出示 4 张卡片，看看你的星座是否在卡片上，在卡片上回答"是"，不在则回答"否"，最后方舟就能准确说出你的星座，是不是很神奇？其实很简单，因为他编写了一个程序。

扫一扫，看视频

 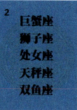  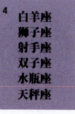

1. 思路分析

其实这个猜星座的游戏就是二进制转换的问题。如果你的星座在第 1 张卡片上，则记为"1"，不在记为"0"；再看第 2 张卡片，同样，在卡片上就接着再记下"1"，否则记为"0"，如此看完 4 张卡片，就会得到一个 4 位二进制数，转换成十进制数后得到一个 1~12 之间的数，就知道其对应的星座了。

你来自哪颗星？

星座	十进制	二进制	星座	十进制	二进制
白羊座	1	0001	天秤座	7	0111
金牛座	2	0010	天蝎座	8	1000
双子座	3	0011	射手座	9	1001
巨蟹座	4	0100	摩羯座	10	1010
狮子座	5	0101	水瓶座	11	1011
处女座	6	0110	双鱼座	12	1100

2. 算法描述

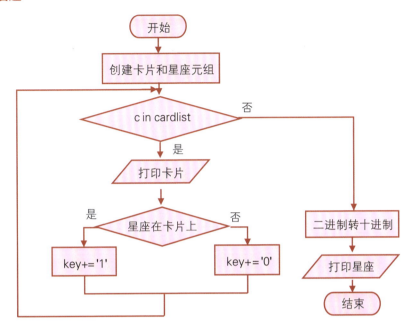

工作坊

1. 编程实现

代码清单 8-2-3：你来自哪颗星

```
card1 = ('天蝎', '射手', '魔蝎', '水瓶', '双鱼')
card2 = ('巨蟹', '狮子', '处女', '天秤', '双鱼')
card3 = ('金牛', '双子', '处女', '天秤', '水瓶', '魔蝎')
card4 = ('白羊', '双子', '狮子', '天秤', '射手', '水瓶')
cardlist = (card1, card2, card3, card4)

constellation = ('白羊', '金牛', '双子', '巨蟹', '狮子', '处女',
                 '天秤', '天蝎', '射手', '魔蝎', '水瓶', '双鱼')

def showcard(card):          # 定义了一个展示卡片的函数
    for c in card:           # for 循环打印当前卡片上所有星座
        print(c, end=' ')
    print()
key = ''
for c in cardlist:
    showcard(c)
    print('你的星座在这里吗？(y/n)')
    flag = input()
    if flag == 'y' or flag == 'Y':   # 如果星座在卡片上就输入 y 或 Y
        key += '1'                    # 如果是 y，则 key 字符串末尾添加 1
    else:
        key += '0'                    # 该星座不在卡片上，则 key 字符串末尾添加 0
index = int(key, 2)                   # 二进制字符串转换为十进制整数
print('你的星座是', constellation[index - 1])
```

2. 运行调试

3. 答疑解惑

在"8-2-3.py"程序中，定义了一个 showcard 函数，用来展示卡片上所有的星座。定义函数可以简化程序，同时也增加了程序的可读性。showcard 函数的作用就是通过 for 循环遍历卡片元组，并打印出星座名称，同时不显示表示元组的小括号和单引号。

创新园

1. 阅读程序写出结果

```
animals = ('猴子','老虎','大象')

print(len(animals))   # 计算长度
print(animals[1:3])   # 获取指定元素
for i in animals:
    print(i)
```

打印结果为：_____

_____

_____

_____

2. 填写内容完善程序

帮助体育老师打印出体育室的器材清单。

3. 编写、测试程序

查找元组 tu 中的元素，找出以 'A' 或 'a' 开头的所有元素，添加到一个新列表中，最后循环打印这个新列表。

tu=('France','England','China','Japan','America','Australia','Canada','Germany','Angola')

8.3 百无一漏——字典

"百无一漏"的含义是，干一百件事，没有一件疏漏，形容有完全的把握，不会失手。就像字典，它是一种比较高效的数据结构，可以将任意类型的对象存储在一起，通过键值，实现快速查找。

8.3.1 有约在先——创建查询字典

同列表和元组一样，字典是另一种可变容器数据类型，可以存储任意类型的对象。不同的是，字典的每个元素都有一个键和一个对应的值。

- dictionary(字典)
- key(键)
- value(值)
- calorie(卡路里)

字典是指用花括号 {} 括起来的一组数据，其中每个元素是一个键值对，键值对由键和值组成，中间用冒号 : 分隔，键值对之间用逗号分隔。

格式：字典名 ={ 键 1: 值 1, 键 2: 值 2, 键 3: 值 3,……}
例如：dict = { 'a':1, 'b':2, 'c':3, 'd':4 }

案例 9　燃烧我的卡路里

燃烧我的卡路里！小明的妈妈最近迷上了瘦身，吃每样食物都计算一下有多少卡路里，以确保每天摄入的热量控制在身体所需热量 1500 卡路里以内。小明看着妈妈拿着手机计算很麻烦，帮她编写了一个程序，输入食物及相应克数，就能立即算出摄入的热量是多少卡路里。

扫一扫，看视频

研究室

1. 思路分析

要查找饼干的热量，可能要浏览整个"食物热量对照表"才能找到答案。如果对照表里的食物上百种，找起来就更麻烦了。现在我们可以把这样的信息存储在字典中，把食物名称作为键，把每 100 克产生的热量作为值，就会得到一个映射，每一个键对应一个特定的值，这样就能通过食物名称这个键来直接访问其对应的热量值了。

键	值	键	值
草莓	35	苹果	53
牛奶	54	酸奶	72
燕麦片	338	鸡蛋	144
米饭	116	炒青菜	41
……	……	……	……

2. 算法描述

第一步：创建"食物热量对照表"对应的字典。
第二步：打印输出字典。
第三步：利用 while 循环不断查询食物的热量，并计算总热量，直到输入 q 为止。
第四步：输出摄入的总热量。

工作坊

1. 编程实现

代码清单 8-3-1：燃烧我的卡路里

```python
fooddict = {'草莓': 35, '苹果': 53, '牛奶': 54, '酸奶': 72, '燕麦片': 338,
            '鸡蛋': 114, '米饭': 116, '炒青菜': 41, '番茄': 15, '玉米': 112,
            '猪肉': 143, '草鱼': 112, '蜂蜜': 321, '蛋糕': 347, '巧克力': 589,
            '饼干': 449, '糖果': 399, '薯片': 548, '海苔': 177, '可乐': 41}
print('      常见食物热量表')                    # 输出食物热量对照表
print('=============================')
print('食物\t热量(卡路里/100克)')
print('-----------------------------')
for k, v in fooddict.items():
    print(k, '\t', v)                          #  \t 表示输出一个 tab 制表符
print('=============================')
totalcalorie = 0                               # 初始化总热量变量
while True:
    print('请输入你吃的食物名(输入q终止)：', end=' ')
    fname = input()
    if fname == 'q' or fname == 'Q':           # 当输入 q 或 Q 时退出
        break
    if fname not in fooddict.keys():
        print('没有此食物的数据，请输入数据库中食物名。')
        continue
    print('请输入食物重量(单位克)：', end=' ')
    fweight = int(input())
    calorie = fweight / 100.0 * fooddict[fname]# 计算热量
    totalcalorie += calorie                    # 目前累计热量

print('摄入总热量为', totalcalorie, '卡路里。', end='')
MinCalorie = 1500                              # 最低热量
if totalcalorie <= MinCalorie:
    print('今天热量摄取不超标，恭喜！')
else:
    print('今天热量摄取超标', totalcalorie - MinCalorie, '卡路里，请注意控制！')
```

2. 运行调试

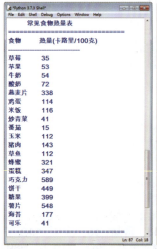 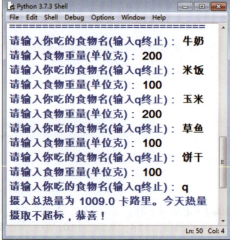

3. 答疑解惑

本程序中，根据输入的食物及重量，计算摄入的总热量，其计算公式是：

摄入热量 = 摄入重量 /100 × 卡（每 100 克）

由此得到语句为 calorie = fweight / 100.0 * fooddict[fname]，其中 fooddict[fname] 即是返回字典中键 fname 对应的值。

知识库

1. items()

items() 是字典常用的一种方法，它可以使用字典的元素创建一个以（键，值）为一组的元组对象，示例如下。

```
>>> dict={'name': '方方', 'sex':'男', 'age':'14'}
>>> dict.items()
dict_items([('name', '方方'), ('sex', '男'), ('age', '14')])
```

2. keys()

keys() 也是字典常用的一种方法，它可以使用字典的键值创建一个列表对象，示例如下。

```
>>> dict={'name': '方方', 'sex':'男', 'age':'14'}
>>> dict.keys()
dict_keys(['name', 'sex', 'age'])
```

创新园

1. 阅读程序写结果

```
D = {'百度': 'www.baidu.com', 'B站': 'https://www.bilibili.com',
    '淘宝': 'www.taobao.com'}
for k, v in D.items():
    print(k, v)
```

输出的结果是：_____

_____

_____

2. 完善程序

请根据程序的运行结果，完成左边的程序填空。

```
d2 = {'Year': 2019, 'Month': 5, 'Day': 1}
for k, v in _____ :
    print(k, v)
```

```
Year 2019
Month 5
Day 1
>>>
```

8.3.2 未雨绸缪——修改字典

在字典中键一般是唯一的，同一个键不允许出现两次，如果重复，则后一个值会替换前面的值，但是值是可变的，可以是任何对象。

> 使用 dict[key]=value。如果 key 在字典中，则将字典中 key 所对应的值修改为 value；如果 key 不存在，则将 (key:value) 添加到字典中。
>
> 例如：dict = {'姓名': '可折', '年龄':10, '班级': '6班'}
> dict['年龄'] = 11 # 更新
> dict['年级'] = '五年级' # 添加

案例 10 小刺猬的烦恼

小刺猬遇到一件麻烦事儿。快过冬了，小刺猬每天都很努力地寻找食物，储藏到家里的仓库中。随着食物的增多，它也弄不

扫一扫，看视频

清自己到底藏了多少食物。它花了一整天的时间整理了一个食物清单，而且想好了，以后每天都要记账，将每天收集到的食物登记入册。今天小刺猬又带回来一些水果，请你帮忙编写一个程序，将今天的水果添加到食物清单里。

食物名称	数量
苹果	5
梨子	2
桃子	5
菠萝	7
香蕉	3

研究室

1. 思路分析

食物清单就是一个字典结构，食物名称为键，数量为值。每天增加的食物如果在字典中存在，则更改食物的数量为原数量加上新增数量；如果食物不存在，则在字典中新增一个元素，记录下新增食物的名称和数量。

2. 算法描述

先设定食物名称变量 name，食物数量变量 num。

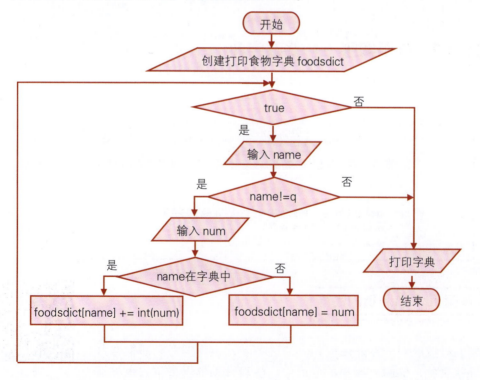

工作坊

1. 编程实现

代码清单 8-3-2：小刺猬的烦恼

```python
foodsdict = {'苹果': 5, '梨子': 2, '桃子': 5, '菠萝': 7, '香蕉': 3}

print('目前储藏的食物情况：')
for f, n in foodsdict.items():
    print(f, '有', n, '个')

while True:
    print('新增的食物是什么？(输入q终止)',end=' ')
    name = input()
    if name == 'q' or name == 'Q':
        break
    print('数量有多少个呢？',end=' ')
    num = input()
    if name in foodsdict.keys():       # 新增食物是目前库存有的
        foodsdict[name] += int(num)    # 累加数量
    else:
        foodsdict[name] = num          # 新增食物目前库存没有，则新建字典项

print('补充库存后，目前储藏的食物情况：')
for f, n in foodsdict.items():
    print(f, '有', n, '个')
```

2. 运行调试

3. 答疑解惑

在这个例子中，小刺猬带回来 4 个苹果和 12 个榛子，当输入"苹果"时，name 变量值为"苹果"，在食物字典对象中可以查到苹果的数量是 foodsdict[name]，即 5 个，现在的数量就是原来的数量加上新增的数量 num，在程序中用 foodsdict[name] += int(num) 来实现，这里输入的 num 是字符串型，要进行计算必须先转换成整型，才能正确执行。

输入"榛子"时，因食物字典中没有此键，则新建了一个元素 foodsdict[name] = num，其键为"榛子"，值为 12。

创新园

1. 阅读程序写结果

```
d1 = {'方方': 98,'宣宣': 78, '牛牛': 86}
d1['宣宣']=88
d1['明明']=91
for f, n in d1.items():
    print(f,':', n, '分')
```

打印结果为：_____

_____

_____

2. 编写程序

爸爸给方舟同学买过 3 个陀螺，今天方舟过生日，他的爸爸又给他买了一个"超级旋风"陀螺，价格 109 元，请你编写程序打印出方舟所有陀螺的名称和价格。

陀螺名称	价格（元）
极焰风暴	39
御空勇士	45
钢甲蜘蛛	69

第 9 章

乐当编程小达人

通过前面 8 章的学习，知道了 Python 语言的 3 种基本结构以及函数、字符串、列表、元组与字典等基础知识，同时学会编写了简单的程序，解决一些问题。

本章将在前面的基础上，介绍利用 Python 编程解决数学问题、解决生活问题、绘制有趣图形和创作精彩游戏。让我们一起成为编程小达人吧！

- 编程解决数学问题
- 编程解决生活问题
- 编程绘制有趣图形
- 编程创作精彩游戏

9.1 迎刃而解——编程解决数学问题

"迎刃而解"比喻处理事情、解决问题很顺利。在数学方面,很多内容就可以利用 Python 编程来快速高效解决,例如编程进行数学运算、绘制数学图形、数学规划、统计运算、工程运算等。

9.1.1 精打细算——兑换零钱

"精打细算"形容精密地计划,详细地计算。小芳奶奶去菜市场买菜,经常需要零钱,奶奶拿出一张 100 元的人民币,想从小芳的储钱罐里换些零钱。要求如下:将 1 张面值 100 元的人民币换成 5 元、1 元、0.5 元的共计 100 张(个)的零钞,每种零钞不少于 1 张(个),问有哪些组合?

扫一扫,看视频

研究室

1. 思路分析

本题由于不确定 5 元、1 元和 0.5 元的数量,所以必须要用循环的嵌套,分外、内循环完成整个计算任务。

分析外循环:至少需要 1 张 5 元的,100 元里最多 20 张 5 元的,因此一共要执行 20 次,借助 for n5 in range(1,20) 语句来实现。

分析内循环:至少需要 1 张 1 元的,100 元里最多 100 张 1 元的,因为前面 5 元的已经有 n5 张了,所以一共要执行 100−n5 次,借助 for n1 in range(1,100−n5) 语句来实现。

那么 0.5 元的个数就是 n05=100−n1−n5。

在内循环里借助选择语句,判断 n5*5+n1+n05*0.5 的结果是否等于 100,如果等于 100 就满足条件,打印出该种方案,不满足的话就继续进行内循环。

2. 算法描述

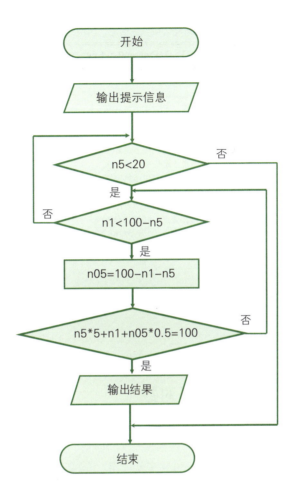

工作坊

1. 编程实现

代码清单 9-1-1：兑换零钱

```
print('兑换方案：')                          #输出提示信息
for n5 in range(1,20):                       #外循环（5元的情况）
    for n1 in range(1,100-n5):               #内循环（1元的情况）
        n05=100-n1-n5                        #0.5元的情况
        if n5*5+n1+n05*0.5==100:             #判断是否满足加起来等于100元
            print('方案',n5,':"5元{}张,1元{}张,5角{}张'.format(n5,n1,n05))#输出结果
```

223

2. 运行调试

3. 答疑解惑

通过外循环和内循环的配合，来满足所有零钱张（个）的数量是 100，通过条件语句来确保所有零钱加起来是 100 元。

format() 函数具有字符串格式化的功能，代码 print 语句中的"5 元 {} 张 , 1 元 {} 张 , 5 角 {} 张 .format(n5,n1,n05)"，简单可以理解为 5 元 n5 张，1 元 n1 张，5 角 n05 张。

9.1.2 生生不息——兔子对数

"生生不息"的意思是不断地生长、繁殖。小芳同学家里养了一对兔子，从出生后第 3 个月起每个月都生一对兔子，小兔子长到第 3 个月后每个月又生一对兔子，假如兔子都不死，问第 n 个月后，兔子总数为多少对？

扫一扫，看视频

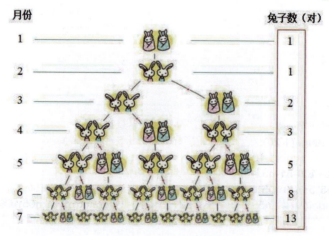

研究室

1. 思路分析

这里以 1 对为单位，那么，从第 1 个月开始，每个月总共的兔子数量就是 1，1，2，3，5，8，13……可以看出前 2 个月为 1，从第 3 个月开始，当月的数量为前 2 个月数量之和。假设第 1 项为 n1=1，第 2 项 n2=1，那么第 3 项 n3=n1+n2，然后将 n2 的值赋给 n1，n3 的赋值给 n2，以此类推进行循环，找出此数列的前 n 项。借助循环语句和变量循环赋值的方法来编程解决此问题。

2. 算法描述

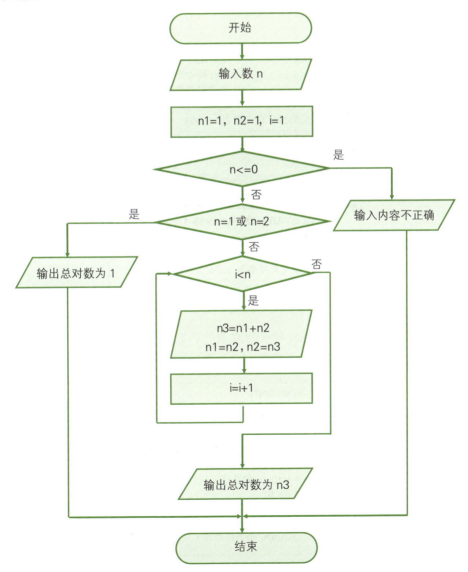

工作坊

1. 编程实现

代码清单 9-1-2：兔子对数（交换变量法）

```python
n = int(input("请输入几个月后："))  #输入n的值
n1=1                                #第1个月兔子对数
n2=1                                #第2个月兔子对数
i= 2                                #给月份变量i赋初值
if n <= 0:                          # n<=0无效输入
    print("不正确，请输入正整数。")
elif n == 1 or n==2:                # n=1或n=2就输出1对兔子
    print(n,"个月后的兔子总对数为：",n1) #输出兔子总对数
else:                               #n>2的情况
    while i < n:                    #控制循环次数
        n3 = n1 + n2                #后面的项等于前面2项之和
        n1 = n2                     #n1和n2交换变量的值
        n2 = n3                     #n2和n3交换变量的值
        i += 1                      #月份增加1
    print(n,"个月后的兔子总对数为：",n3)  #输出兔子总对数
```

2. 运行调试

3. 优化程序

前面的程序采用了在循环语句中多次赋值的方法，n3=n1+n2，n1=n2，n2=n3，整个过程比较烦琐，可以用自定义函数，在函数中用递归的办法，让函数自己调用自己本身。

代码清单 9-1-2a：兔子对数（递归法）

```python
def shulie(t):                      #定义函数
    if t <= 2:                      #t<=2的情况
        return 1                    #返回1
    else:                           #t>2的情况
        return(shulie(t-1) + shulie(t-2))  #递归调用

n = int(input("请输入几个月后："))   # 输入月份n的值
if n <= 0:                          #n<=0输入无效
    print("不正确，请输入正整数。")  #提示输入的不正确
else:
    print(n,"个月后的兔子总对数为：",shulie(n)) #输出兔子总对数
```

第 9 章 乐当编程小达人

创新园

1. 填写代码完善程序

一元二次方程 $ax^2+bx+c=0(a\neq 0)$ 是数学教材上的内容，小芳同学感觉计算过程太麻烦了，决定用计算机编程来快速解决这个问题，只要在键盘上输入方程的 3 个系数，计算机马上就输出求解的结果。

提示：一般情况下，式子 b^2-4ac 叫作一元二次方程 $ax^2+bx+c=0(a\neq 0)$ 根的判别式，即 $\triangle=b^2-4ac$。当 $\triangle>0$ 时，方程有 2 个不等的实数根 $\dfrac{-b\pm\sqrt{b^2-4ac}}{2a}$；当 $\triangle=0$ 时，方程有 2 个相等的实数根 $x=\dfrac{-b}{2a}$；$\triangle<0$ 时，方程没有实数根。

代码清单 9-1-2b：求一元二次方程的解

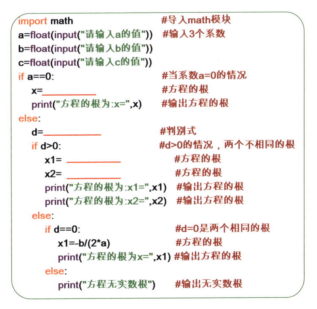

```
import math                          #导入math模块
a=float(input("请输入a的值"))        #输入3个系数
b=float(input("请输入b的值"))
c=float(input("请输入c的值"))
if a==0:                             #当系数a=0的情况
    x=_____                       #方程的根
    print("方程的根为:x=",x)         #输出方程的根
else:
    d=_____                       #判别式
    if d>0:                          #d>0的情况，两个不相同的根
        x1=_____                  #方程的根
        x2=_____                  #方程的根
        print("方程的根为:x1=",x1)   #输出方程的根
        print("方程的根为:x2=",x2)   #输出方程的根
    else:
        if d==0:                     #d=0是两个相同的根
            x1=-b/(2*a)              #方程的根
            print("方程的根为x=",x1) #输出方程的根
        else:
            print("方程无实数根")    #输出无实数根
```

2. 编写程序 1

市场上有一筐山楂：1 个 1 个拿，正好拿完；2 个 2 个拿，还剩 1 个；3 个 3 个拿，正好拿完；4 个 4 个拿，还剩 1 个；5 个 5 个拿，还差 1 个；6 个 6 个拿，还剩 3 个；7 个 7 个拿，正好拿完；8 个 8 个拿，还剩 1 个；9 个 9 个拿，正好拿完。问筐里最少有多少个山楂？（肯定在 2000 个山楂以内）

筐里共有 1449 个山楂

提示：采用循环语句，在 1~2000 范围内进行循环，借助条件语句，用求余数 % 的运算符进行多次循环，满足条件就输出结果。

3. 编写程序 2

很多国家都喜欢数字 6，这是为什么呢？原来 6 是一个完全数啊。所谓完全数就是除了它本身以外所有因子之和等于其本身，例如 6=1+2+3。用编程的方法求 2~1000 之间的完全数。

提示：采用循环语句，将每一个整数分别除以比它小的整数，若整除，则记为该整数的因子，并将所有因子相加求和，然后再判断与这个整数本身是否相等，若相等则该整数是完全数。

9.2　轻而易举——编程解决生活问题

现实生活中有很多问题，人为不好解决，但利用计算机速度快、不出错的特性，可以很方便地解决这些问题。如统计存款金额、鸡兔同笼、韩信点兵、猴子摘桃、判断密码强度等问题，用编程的方法可以快速完成。

9.2.1　积少成多——52 周存钱法

"积少成多"的含义是积累少量的东西，能成为巨大的数量。小芳的叔叔是个月光族，往往觉得"零钱不是钱"，小芳告诉叔叔一个 52 周存钱法，这是一种阶梯式存钱法。在一年 52 周内，每周递增存 20 元。例如，如果第 1 周存 10 元，则第 2 周存 30 元、第 3 周 50 元……以此递进，每周坚持，到年底也是个可观的数字哦！

试编写 52 周存钱的程序，为体现程序的灵活性，第 1 周存入的金额和每周递增的金额，均可以通过键盘输入。

扫一扫，看视频

1. 思路分析

为方便理解，假设第 1 周存 10 元，第 2 周存 30 元，第 3 周存 50 元，以此类推，一直到第 52 周存 1030 元，这样一年总共可以存多少钱呢？10+30+50+70+……+1030=27040。需要在程序中显示每周存的金额和账户上累计的总金额。

周	存入	账户累计	周	存入	账户累计
1	10	10	27	530	7290
2	30	40	28	550	7840
3	50	90	29	570	8410
4	70	160	30	590	9000
5	90	250	31	610	9610
6	110	360	32	630	10240
7	130	490	33	650	10890
8	150	640	34	670	11560
9	170	810	35	690	12250
10	190	1000	36	710	12960
11	210	1210	37	730	13690
12	230	1440	38	750	14440
13	250	1690	39	770	15210
14	270	1960	40	790	16000
15	290	2250	41	810	16810
16	310	2560	42	830	17640
17	330	2890	43	850	18490
18	350	3240	44	870	19360
19	370	3610	45	890	20250
20	390	4000	46	910	21160
21	410	4410	47	930	22090
22	430	4840	48	950	23040
23	450	5290	49	970	24010
24	470	5760	50	990	25000
25	490	6250	51	1010	26010
26	510	6760	52	1030	27040

2. 算法描述

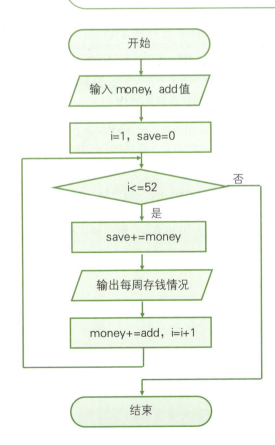

工作坊

1. 编程实现

代码清单 9-2-1：52 周存钱法

```
#52周存钱
money=float(input("请输入第一周存入的金额"))    #每周存入的金额
add=float(input("请输入每周递增的金额"))        #递增的金额
i=1
save=0                                          #账户累计
while i<=52:
    save+=money                                 #账户存钱
    print("第{}周，存入{}元，账户累计{}元".format(i,money,save)) #输出每周情况
    money+=add                                  #更新下周存钱金额
    i=i+1
```

2. 运行调试

输入 10、20，查看运行结果。

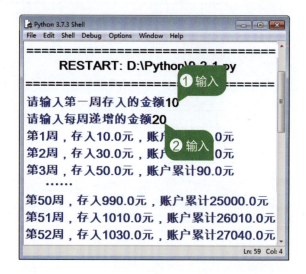

3. 答疑解惑

代码中 "第{}周，存入{}元，账户累计{}元".format(i,money,save) 的含义：函数 format() 按顺序接受参数，简单地说就是第 i 周，存入 money 元，账户累计 save 元。

9.2.2 居安思危——密码强度

"居安思危"指随时有应付意外事件的思想准备。最近，小芳

扫一扫，看视频

同学突然发现家里的网络速度很慢，请教了信息技术老师，老师说有可能是邻居用"WiFi万能钥匙"App破解了密码，蹭网导致网络速度变慢。那就修改网络密码吧。小芳在纸上写了几个密码，到底哪个密码符合要求呢？用Python语言来编制一个密码强度检测程序。一般来说密码要求：密码长度超过8位，同时要有数字和字母的组合。

研究室

1. 思路分析

密码合格的要求是：密码长度超过8位，同时要有数字和字母的组合。分别定义两个函数，用于检测输入的内容是否含有字母、数字。在主程序中，首先判断输入的密码长度是否达到8位，达到强度等级就增加1；然后判断输入的密码是否含有字母，如果含有则强度等级再加1；最后判断输入的密码是否含有数字，如果含有则强度再加1。程序最后如果密码强度等于3则提示"密码强度合格"，否则均为"密码强度不合格"。

2. 算法描述

第一步：自定义zimu函数，用于判断输入的密码是否含有字母。
第二步：自定义shuzi函数，用于判断输入的密码是否含有数字。
第三步：用循环语句控制4次输入机会。
第四步：定义变量qiangdu，当满足条件则加1。
第五步：用条件语句判断输入的密码是否超过8位，如果满足则qiangdu+1。
第六步：用条件语句判断输入的密码是否含有字母，如果满足则qiangdu+1。
第七步：用条件语句判断输入的密码是否含有数字，如果满足则qiangdu+1。
第八步：判断变量qiangdu是否等于3，给出是否合格的提示信息。

工作坊

1. 编程实现

代码清单9-2-2：密码强度

```python
def zimu(shuru):                    #定义判断是否含有字母的函数
    for neirong in shuru:           #循环语句
        if neirong.isalpha():       #查找是否含有字母
            return True             #返回为"真"
    return False                    #返回为"假"
def shuzi(shuru):                   #定义判断是否含有数字的函数
    for neirong in shuru:           #循环语句
        if neirong.isnumeric():     #查找是否含有数字
            return True             #返回为"真"
    return False                    #返回为"假"
cishu= 0                            #定义cishu 初值
while cishu < 4:                    #允许最多尝试4次
    qiangdu = 0                     #密码强度
    mima= input("请输入密码：")      #输入密码
    if len(mima) >= 8:              #判断密码是否超过8位
        qiangdu += 1                #变量qiangdu增加1
    else:
        print("密码要求至少8位")      #输出提示信息
    if zimu(mima):                  #判断密码是否含有字母
        qiangdu += 1                #变量qiangdu增加1
    else:
        print('密码要求含字母')       #输出提示信息
    if shuzi(mima):                 #判断密码是否含有数字
        qiangdu += 1                #变量qiangdu增加1
    else:
        print("密码要求含数字")       #输出提示信息
    if qiangdu == 3:                #判断密码强度是否合格
        print('恭喜，密码强度合格')    #输出提示信息
        break                       #中断运行
    else:
        print("对不起，密码强度不合格") #输出提示信息
    cishu+= 1                       #变量cishu增加1
if cishu >= 4:                      #尝试4次后，停止运行
    print("尝试超过4次，密码设置失败") #输出提示信息
```

2. 运行调试

3. 答疑解惑

isalpha() 函数检测字符串中是否只包含字母，如果全部是字母组成的字符串，则返回 True，否则返回 False，isalpha() 函数没有任何参数。

isnumeric() 函数检测字符串是否只由数字组成，如果全部是数字组成的字符串，则返回 True，否则返回 False，isnumeric() 函数没有任何参数。

创新园

1. 查找错误调试程序

输入某年某月某日，计算机很快输出这一天是这一年的第几天。如以 2015 年 8 月 25 日为例，应该先把前 7 个月的加起来，然后再加上 25 天即本年的第几天，另外还需要判断 2015 年是否为闰年，如果是闰年 2 月需考虑多加一天。

代码清单 9-2-2a：输出一年的第几天

```
year = int(input("请输入年"))
month = int(input("请输入月"))
day = int(input("请输入日"))
tianshu = [31,28,31,30,31,30,31,31,30,31,30,31]  #定义列表
if (year % 400 == 0) and ((year % 4 == 0) and (year % 100 != 0)):  ——❶
    tianshu[1]=29
print(year,"年的第",format(max(tianshu[0:month-1])+day),"天")  ——❷
```

错误 1：_____ 错误 2：_____

2. 填写代码完善程序

小王的支付宝账户密码忘记了，但他急用支付宝进行转账，请你帮他尽可能找回密码。他只记得自己密码的一些零星信息：

①密码是 6 位数字，前面 2 位为 31。
②能被 16 和 46 整除。
③最后 2 位数字相同。

提示：给出的信息中，可假设该 6 位数为 310000，用循环语句 for i in range(1, 10000) 和 s=310000+i 产生 6 位数，然后用条件语句来判断这个 6 位数能否同时被 16 和 46 整除，如果能整除，继续分解出这个数的最后两位数字，最后用条件语句来判断是否相等，如果相等则输出，多次循环，输出结果。

代码清单 9-2-2b：找出支付宝密码

```
for i in range(1,10000):  #循环
    s=310000+i
    if s % 16==0 and _____:  #条件
        a= _____      #六位数的个位
        b=(s%100)//10  #六位数的十位
        if a==b:
            _____     #输出结果
```

支付宝密码

312800
315744
318688

3. 编写程序

在学校组织的元旦晚会歌咏比赛中，一共有 n 位评委 (n 必须大于 2)，在计算选手最后的得分时，先获取所有评委的打分，然后去掉最高分和最低分，最后计算剩余分数的平均分。请尝试编写程序，模拟歌咏比赛中选手最终成绩的计算过程。

提示：首先定义空列表 scores，用循环语句和列表的 append() 方法将所有的打分添加到列表中，其次用 max() 和 min() 函数找出列表中的最高分和最低分，再用 remove() 方法删除列表中的元素，最后算出平均值，并且保留两位小数。

```
请输入评委人数（必须超过2人）5
请输入第1个评委的分数：78
请输入第2个评委的分数：85
请输入第3个评委的分数：77
请输入第4个评委的分数：84
请输入第5个评委的分数：79
去掉一个最高分：85.0
去掉一个最低分：77.0
最后得分是：80.33
```

9.3　笔走龙蛇——编程绘制有趣图形

利用 Python 不仅可以解决数学和生活问题，还可以绘制一些有趣可爱好看的图形，用有趣的特殊字符来组合搭配成一定规律的图形，或直接用小海龟在平面坐标系中动态绘制有颜色有规则的图形，如函数曲线、折线图、正方形、多边形、圆、太极图等。

9.3.1 电闪雷鸣——闪电图形

"电闪雷鸣"是指闪电飞光,雷声轰鸣,比喻快速有力,轰轰烈烈。小芳同学看到腾讯 QQ 上的聊天表情中有"闪电"图形,很是好奇,特别想自己编程绘制一个类似的图形,试编写用星号 * 来绘制一个闪电形状的图形。

扫一扫,看视频

研究室

1. 思路分析

假设绘制最长横行为 8 的闪电中间部分,先打印上半部分,再打印中间的,最后打印下半部分的图形。采用循环语句内加条件语句,循环变量为 −4~4,当为负数时打印上半部分,为 0 时打印中间部分,为正数时打印下半部分。

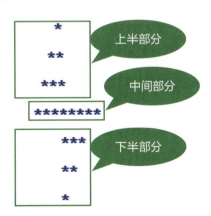

2. 算法描述

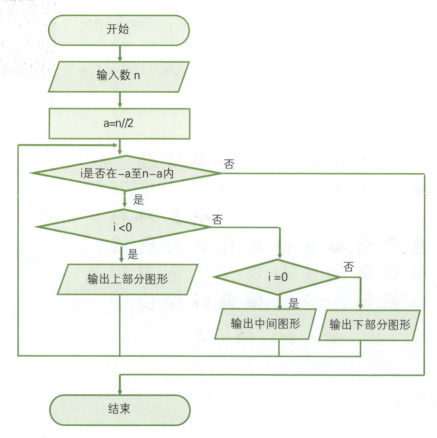

🏛 工作坊

1. 编程实现

代码清单 9-3-1：闪电图形

```python
n = int(input('请输入数字'))          #设置闪电的大小
a = n // 2                            #对数值进行求整数商
for i in range(-a, n-a):              #绘制整个闪电图形
    if i < 0:                         #绘制上部分图形
        print(" " * abs(i) + "*"*(n - a - abs(i)))  #输出多个空格和星号
    elif i == 0:                      #绘制中间部分图形
        print('*' * n)                #输出多个星号
    else:                             #绘制下部分图形
        print(" " * a + "*" * (n - a - i))   #输出多个空格和星号
```

2. 运行调试

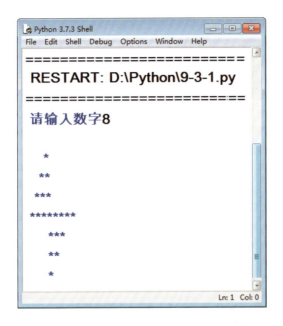

3. 答疑解惑

闪电图形的上半部分和下半部分的输出语句是不同的，关键是星号 * 前的空格不同。绘制图形的关键之处是空格的数量和星号的数量。

9.3.2 栩栩如生——五角星

"栩栩如生"是指艺术形象非常逼真，如同活的一样。利用 Python 语言可以生动逼真地绘制各种有趣的图形。小芳同学在课本边上画了 3 个五角星，怎么画都不好看，很着急。下午放学回家，有一种让计算机画五角星的冲动，那就编写程序让小海龟来动态绘制吧！填充上各种颜色，特别好看。

扫一扫，看视频

研究室

1. 思路分析

绘制五角星要先设置一下画笔的粗细宽度、画图的速度以及边框和填充的颜色等，控制好画笔画的方向，再利用循环语句多次循环画线，最后判断当前小海龟是否再次经过原点，经过原点将跳出循环，程序执行结束。

2. 算法描述

第一步：导入小海龟图形功能。

第二步：设置窗口大小、画笔宽度、笔的移动速度、边框和填充颜色。

第三步：开始绘制。

第四步：循环语句控制画笔的运行，画笔前进100像素，然后右转144度，循环运行，直到当前小海龟回到原点，程序中断。

第五步：结束绘制。

工作坊

1. 编程实现

代码清单9-3-2：五角星

```
from turtle import *       #导入小海龟图形功能
setup(450,450)             #设置窗口大小
pensize(3)                 #设置画笔的宽度
speed(1)                   #设置画笔移动速度
color("red")               #设置边框和填充颜色
begin_fill()               #开始绘制
while True:                #循环画图
    forward(100)           #前进100像素
    right(144)             #右转144度
    if abs(pos())<1:       #判断当前小海龟回到原点
        break              #中断运行
end_fill()                 #结束绘制
```

2. 运行调试

3. 答疑解惑

五角星的一个角是 36 度，相邻的外角是 144 度，相当于一个线条从左至右画完后，就要 (顺时针) 向右转 144 度才能画下一线条，因此代码中用 right(144)，请尝试改变 144 参数为 90 和 60，看看能绘制出什么图形。

pos() 函数是获得机器小海龟的当前坐标 (x,y)，abs(pos()) 是获得机器小海龟当前距离原点的直线距离 (根据勾股定理计算)。当 abs(pos())<1 就意味着小海龟回到了原点。

💡 创新园

1. 阅读程序写结果 1

代码清单 9-3-2a：打印对顶三角形

```
a = int(input("请输入数值"))    #输入数值
e = a // 2                    #将a整除
for i in range(-e, e+1):      #循环打印出三角形
    j = abs(i)                #对i求绝对值
    print(" "* (e-j) + "*" * (j * 2 + 1))   #控制打印*的个数
```

当输入 a=6 时，输出的图形是：＿＿＿＿＿＿＿＿

2. 阅读程序写结果 2

代码清单 9-3-2b：画星星

```
from turtle import*           #导入小海龟图形功能
setup(500,400)                #设置窗口大小
pensize(3)                    #设置画笔的宽度
speed(2)                      #设置画笔移动速度
color("blue","red")           #设置边框和填充颜色
begin_fill()                  #开始绘制
for x in range(1,9):          #循环8次
    forward(100)              #前进100像素
    left(225)                 #向左旋转225度
end_fill()                    #结束绘制
```

输出的图形是：＿＿＿＿＿＿＿＿

3. 填写代码完善程序

代码清单 9-3-2c：打印直角三角形

```
i = 1                    #初值
while _____ :           #要求输出5行
    j = 1                #初值
    while _____ :       #控制A的个数
        print ("A",end=" ")   #输出A字符，不换行
        j+=1             #变量自加
    print ("\n")         #换行
    i+=1                 #变量自加
```

```
A
A A
A A A
A A A A
A A A A A
```

9.4 乐在其中——编程创作精彩游戏

"乐在其中"的意思是喜欢做某事，并在其中获得乐趣。有的同学沉迷游戏，学习过 Python 后，我们也能编写出许多好玩的小游戏，编写时会发现游戏不过是程序和代码组成的，玩游戏不过是改变程序中的数字而已。

9.4.1 鸿运当头——抽奖游戏

国庆节放假期间，小芳一家去家门口的超市购物，只见大门处摆放着抽奖转盘，小芳赶紧问服务员阿姨，原来是在举行抽奖活动：凡在本超市购物累计满 88 元的顾客，即可凭当日购物小票到服务台摇盘抽奖。小芳进超市狂购，买了 92 元的东西，着急玩起了转转盘，很幸运，抽得一等奖。小芳想，能否用计算机编程制作一个抽奖程序，让顾客按 F5 键就可以抽奖呢？

扫一扫，看视频

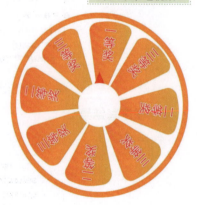

研究室

1. 思路分析

转盘分为三部分：一等奖、二等奖、三等奖，转盘在转的时候是随机的，使用 random 标准库中的 random 函数返回一个 0~1 之间的随机小数，判断这个小数落在哪个区域，就是哪个奖项。如果范围在 [0,0.08) 之间，就代表一等奖；如果范围在 [0.08,0.3) 之间，就代表二等奖；如果范围在 [0.3,1.0) 之间，就代表三等奖。当然调整范围数值的大小，就意味着奖项比例变化。

2. 算法描述

第一步：导入随机模块。
第二步：自定义函数 choujiang，在函数中读取字典中的元素，判断 n 是否在 0~1 之间，返回 a 的值。
第三步：定义字典 jiang，键为奖项，值为数组。
第四步：产生 n 的随机数。
第五步：调用自定义的函数 choujiang，显示最后的抽奖结果。

第 9 章　乐当编程小达人

🏛 工作坊

1. 编程实现

代码清单 9-4-1：抽奖游戏

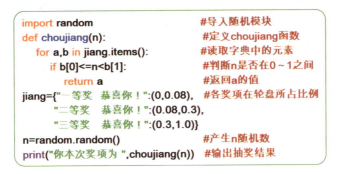

2. 运行调试

3. 答疑解惑

代码中定义了 jiang 字典，字典中的键为奖项名称，值为区间的数组。

9.4.2　一决雌雄——石头剪刀布

下课期间，有的同学三三两两在玩"石头剪刀布"的小游戏，大家玩得好激烈、好开心呀！一到周末，小芳同学总是想找人一起玩这个游戏，可是邻居家小朋友生病了，怎么办呢？小芳突发奇想，能否和计算机一起玩这个游戏，一决雌雄呢？计算机里没有现成的这个游戏，那就用 Python 创作一个吧！

扫一扫，看视频

要求：计算机先出完后，人接着输入（只能是"石头剪刀布"中的一种），计算机自动判断人是否赢了。如果人赢了将结束运行，退出游戏；如果人输了或平局，程序继续运行，游戏继续。

研究室

1. 思路分析

这个游戏最有趣的地方是，永远也不知道计算机会出石头、剪刀还是布。游戏是不可预测的、随机性的，正是这种随机性才让游戏很有趣。在编程中就需要random模块来生成随机性，建立石头、剪刀和布的列表，然后使用choice()函数从列表中选择一种结果。同时列出3种赢的可能性列表，即石头赢剪刀、剪刀赢布、布赢石头。如果人和计算机出的内容在赢的3种列表中，则显示"你赢了"。用循环语句和条件语句来控制游戏的运行与结束，判断游戏的最后输赢。

2. 算法描述

第一步：导入随机和时间模块。
第二步：创建列表test，用于存放石头、剪刀、布3种手势。
第三步：创建列表win，用于存放赢的3种情况。
第四步：用while True让程序循环运行，直到人赢为止。
第五步：计算机随机出一种手势，接着输入人出的手势，用条件语句判断计算机和人的手势谁赢了（通过和win列表比较）。
第六步：如果人赢了计算机，程序中断，游戏结束；如果人和计算机平局，则提示"平局"，游戏继续；如果人输给了计算机，则提示"你输了，游戏继续"。

工作坊

1. 编程实现

代码清单9-4-2：石头剪刀布

2. 运行调试

3. 答疑解惑

random.choice(test) 是随机从 test 列表中选择一项，这样就产生了计算机出手势的随机性。

代码 input("请你输入 石头/剪刀/布：").strip() 中的 strip() 函数，目的是删除输入的字符串中开头、结尾处的空格。如 r=" abc"，则 r.strip() 的运行结果为 "abc"。

💡 创新园

1. 填写代码完善程序

今天李明的电器商城有 60 名顾客购买了空调和洗衣机，每位顾客的购物小票上都有一个编号，李明决定从这 60 名顾客中随机抽取一个编号作为幸运号码，赠送价值 1000 元的礼品。请用计算机来替他们抽奖吧！

提示：首先引入随机 random 模块，然后把这 60 名的编号用函数 append() 增加到列表中，再用函数 random.choice() 随机选择列表中的一个元素，最后打印出幸运顾客

的编号。

代码清单9-4-2a：幸运顾客

```
import _____
bianhao=[]
for i in range(1,61):
    bianhao.append(i)
lucky=_____
print("今天的全部编号是:",bianhao)
print("今天的幸运顾客是:小票编号为",____,"的顾客")
```

2. 编写程序1

这是一个猜数字游戏，猜1~20之间的数字，计算机会判断输入是大还是小了，根据提示可调整下次猜的数值，但是只有3次机会。

提示：计算机随机产生1~20之间的任意一个数字，用循环语句来控制次数3次，并且用条件语句来给出猜的数字是大还是小了，给出相应的提示信息。

```
猜20以内的数字游戏
请猜一个数字
10
你猜的数字小了
请猜一个数字
15
你猜的数字小了
请猜一个数字
17
你猜的数字大了
数字是 16 加油！
```

3. 编写程序2

小芳常和朋友在一起玩一个有趣的游戏——逢3必过。游戏规则是：大家围坐在一起，从1开始报数，但逢3的倍数或者尾数是3，则不去报数，要喊"过"。如果犯规，要给大家表演一个节目。试编写一个程序，模拟1~50范围内"逢3必过"游戏的报数。为了程序的灵活性，设定逢n必过。

提示：本题是用循环语句输出所有的数，1、2、3、4……50，在输出数前还要判断每个数的尾数是不是n或是n的整倍数。若是，输出"过"；若不是，就输出这个数（i%n==0 or i%10==n 是循环语句的关键条件）。

```
请输入逢n过的数字：3
1 2 过 4 5 过 7 8 过 10 11 过
过 14 过 16 17 过 19 20 过 22
过 过 25 26 过 28 29 过 31 32
过 34 35 过 37 38 过 40 41 过
过 44 过 46 47 过 49 50
```